PUBLICATIONS DE L'ÉQUITABLE

GUIDE PRATIQUE

DES

FONCTIONNAIRES DE L'ÉQUITABLE.

TYPOGRAPHIE DE A. HENRY, RUE GIT-LE-COEUR, 8.

GUIDE PRATIQUE

DES

FONCTIONNAIRES

DE L'ÉQUITABLE

DIRECTION CENTRALE

PARIS

18, BOULEVART DES ITALIENS

1844

GUIDE PRATIQUE

DES

FONCTIONNAIRES

DE L'ÉQUITABLE.

PREMIÈRE PARTIE.

THÉORIE.

I. Étude des combinaisons. — II. Application.

I. ÉTUDE DES COMBINAISONS.

Les associations fondées sur les chances de la vie, résultent de la convention faite entre un nombre plus ou moins considérable de personnes de mettre en commun leurs épargnes pour un temps déterminé, à l'expiration duquel la somme versée par chaque déposant doit lui être remboursée, en cas de survie, augmentée du produit des intérêts et d'une part proportionnelle dans l'héritage des morts.

Les combinaisons autorisées par les statuts des différents établissements sont de cinq sortes : (1)

1re. — Société d'accroissement du capital avec aliénation du revenu.

2e. — Société d'accroissement du revenu avec aliénation du capital.

3e. — Société d'accroissement du capital sans aliénation du revenu.

4e. — Société d'accroissement du revenu sans aliénation du capital.

5e. — Société de formation d'un capital, par l'accumulation du revenu, sans aliénation du capital des mises.

Dans les Sociétés qui ont pour but l'accroissement du capital avec aliénation du revenu, le revenu des mises s'accumule avec le capital, jusqu'à l'époque à laquelle la totalité du produit composé est répartie entre les Sociétaires qui justifient de l'existence des assurés sur la tête desquels leur souscription repose.

Ces sortes d'associations, vulgairement connues sous la dénomination de *Caisses de survie*, sont destinées à ceux qui veulent se constituer une dot ou un capital à une époque quelconque.

Dans les associations d'accroissement du revenu avec aliénation du capital, le capital et l'intérêt cumulé des mises sociales sont répartis par annuités, à des époques déterminées, entre les assurés survivants.

On peut encore partager chaque année, entre les survivants, les revenus de la masse sociale, et répartir, aux termes de la Société, le capital des mises entre ceux des souscripteurs qui survivent à cette époque.

(1) Nous donnons ici la définition officielle *des différentes sortes* de Sociétés que peuvent former les établissements autorisés, afin que nos fonctionnaires puissent se convaincre qu'elles rentrent toutes dans la *seule et unique* combinaison pratiquée par L'ÉQUITABLE, et que nous avons ce mérite incontestable, de les résumer dans une formule infiniment plus simple, infiniment plus compréhensible.

C'est dans les catégories qui découlent de cet article des statuts que l'on a rangé : 1° les assurés qui stipulent pour le paiement des frais d'éducation classique, manuelle, industrielle ou scientifique, auxquels on sert des pensions annuelles pendant un temps plus ou moins long, qui varie de trois à neuf ans ; 2° ceux qui s'assurent entre eux, et qui, chaque année, augmentent leur revenu de partie ou de la totalité du capital des Sociétaires décédés.

Dans les associations qui ont pour but l'accroissement du revenu, sans aliénation de capital, le revenu des mises sociales est seul réparti, à certaines époques, entre les Sociétaires survivants, et le capital versé est remis en totalité ou par parties, à des époques déterminées, aux souscripteurs ou à leurs ayants cause.

Cette dernière application de l'assurance est la plus restreinte, c'est-à-dire c'est celle qui assure le moins de chances de bénéfices, parce qu'elle offre le moins de chances aléatoires. Généralement on en fait peu usage, soit que les spécialités auxquelles elle peut convenir n'aient point été définies, soit que l'on n'en comprenne pas toute la portée.

Nous verrons plus tard comment on peut arriver à la non-aliénation du capital sans avoir recours à ce mode d'association.

Dans les différentes Sociétés formées d'après les textes que l'on vient de citer, la souscription peut se faire par versements uniques ou par versements annuels.

La mise au comptant, ou versement unique, forme le capital primitif de la souscription.

La mise par annuités, ou série de versements périodiques, laquelle n'est qu'une autre forme de la mise au comptant, exprime la division en paiements échelonnés du capital primitif de la souscription, avec l'addition des intérêts courants, et d'une plus-value, dont les tables de mortalité fixent la moyenne, afin de compenser, entre les souscripteurs au comptant et les souscripteurs qui choisissent le mode des annuités, l'accroissement naturel des chances de réversion, depuis l'origine du contrat qui les équilibre dans la même catégorie.

Le total des annuités offre donc un chiffre plus considérable que celui de la mise unique, en raison des arrérages d'intérêts échus et de la part dans les extinctions passées que chaque annuité comprend; car, en stricte justice, un capital qui se range après coup dans la masse, doit aux capitaux plus anciens l'équivalent des intérêts qu'il n'a point produits, et la compensation de toutes les chances qu'il a courues.

Comme on a déjà pu le comprendre, les Caisses distinctes entraînent toujours avec elles le petit nombre, et la nécessité de classer dans des catégories spéciales les individus qui souscrivent avec ou sans aliénation de leur capital, avec ou sans aliénation de leurs revenus; souvent même ces catégories sont divisées en sous-catégories, telles que les Sociétés spéciales pour le paiement des frais d'éducation, pour la caisse de retraite, les rentes viagères, etc., etc.

COMBINAISONS DE L'ÉQUITABLE.

Ces cinq sortes d'associations dont on vient de définir les principales, se réduisent dans *L'Équitable* à une seule combinaison qui les comprend toutes, et qui a le double avantage de mettre l'association sur la vie à la portée des plus petites bourses; elle réunit les capitaux dans une seule et même caisse, où les réversions se distribuent d'une manière régulière entre les survivants sur un grand nombre d'associés.

Nous poserons donc le principe constitutif de l'association en cas de vie, dont l'application se trouve dans notre seule et unique caisse, en représentant par une formule les cinq sortes d'associations autorisées par le Gouvernement.

L'association en cas de vie a pour objet de répartir entre les Sociétaires qui justifient de l'existence des assurés sur la tête desquels leur souscription repose, — soit, la masse sociale et ses intérêts composés aux époques déterminées par le contrat; — s o i t, chaque année les revenus de la masse sociale avec aliénation du capital de la mise en une ou plusieurs répartitions périodiques ; — s o i t, (chaque année) les revenus simples, ou (à une époque unique) les revenus composés de la masse sociale, avec retour de tout ou partie de l'apport individuel aux ayants droit à l'époque déterminée par le contrat.

Selon les cas auxquels on veut appliquer l'assurance, on sera obligé, dans notre unique combinaison, de faire usage du système de répartitions périodiques ou du système de répartition unique: avec l'un, on arrive à la constitution de la rente viagère progressive, immédiate, différée ou temporaire, avec ou sans aliénation du capital, etc., etc.

Avec l'autre, on obtient pour résultat, de recevoir un capital donné à une époque donnée.

Dans le système des répartitions périodiques, les versements se succèdent d'année en année, et sont faits chacun pour un temps déterminé, cinq ans par exemple ; dans ce cas, ils entrent dans autant de séries qui s'ouvrent pour le souscripteur, l'une après l'autre. On choisit pour leur placement, soit les époques d'ouvertures successives de ces séries, lorsqu'on veut obtenir des remboursements également annuels et successifs, soit tels ou tels degrés inégaux dans les périodes, si l'on désire que les échéances suivent un ordre différent, ou qu'elles arrivent toutes à la même époque.

Exemple : Un souscripteur désire faire échoir ses mises et leurs produits en 1849, 1850 et 1851, 1852, 1853. — Il versera aux dates suivantes, dans les séries dont la répartition, en conséquence, s'accomplira cinq ans après leur ouverture.

Son versement de 1844 lui donne une répartition en 1849.
— de 1845 — — en 1850.
— de 1846 — — en 1851.
— de 1847 — — en 1852.
— de 1848 — — en 1853.

Les sommes remboursées peuvent se placer indéfiniment dans

de nouvelles séries; c'est ainsi que, pour faire valoir ses épargnes pendant vingt ans, on leur fera traverser successivement quatre séries quinquennales; pour vingt-cinq ans, cinq séries; pour ving-sept ou vingt-huit ans, cinq séries avec une fraction de deux ou trois cinquièmes.

Exemple :

Je dépose, à partir de 1844, cinq versements annuels et successifs que je veux recouvrer avec le cumul des intérêts et des réversions en 1853, pour constituer à ma fille, qui entre dans sa dixième année, une dot, vers l'époque où elle comptera dix-huit ans révolus. — L'intervalle de 1844 à 1853 est de neuf ans, et comme, d'autre part, chaque série n'a, *pour moi*, que cinq ans de durée, on voit que, sur mes cinq versements placés douze mois l'un après l'autre, il y en aura quatre qui, au sortir de la série primitive, devront s'unir à une partie plus ou moins grande du parcours d'une nouvelle série.

Nos combinaisons ne sont exclusives d'aucune application spéciale, et par cela même elles les concilient toutes. Le souscripteur s'y trouve libre et n'a pas besoin de se proposer d'avance tel ou tel but dans l'emploi de ses fonds. En souscrivant, il fait face à toutes les éventualités possibles, de quelque ordre qu'elles soient, et quelque soit l'âge auquel elles correspondent. Ayant en perspective une répartition dont le terme est nettement fixé, le souscripteur reste à même de recevoir tous les conseils de la circonstance, pour l'époque à laquelle il sera réintégré dans ses épargnes, accrues naturellement des intérêts et des réversions. Il faut bien se pénétrer que chaque mise de fonds d'un individu, quoiqu'elle se présente toujours sous un aspect plus ou moins nouveau, n'exige, en définitive, que l'emploi de la même méthode pour l'entourer des éclaircissements qui lui sont propres. C'est dans le but d'en établir la preuve, que nous allons successivement parcourir les principales applications que l'on peut faire de notre unique combinaison.

II. APPLICATION.

Paiement des frais d'éducation.

Si l'on a pour but le paiement des frais d'éducation, le versement et les répartitions se divisent en plusieurs termes : lorsque l'éducation dure huit ans, par exemple, on verse dans huit séries successives, et cinq ans après le premier versement, on se trouve en face de huit répartitions qui échoient chaque année, et qui fournissent la part équivalente à la pension durant tout le temps assigné aux études.

Ainsi, par exemple, je verse 500 fr. cette année, je recevrai 1,000 fr. en 1849 ; je verse 500 fr. l'année prochaine, je recevrai également 1,000 fr. en 1850. — Le versement de 1846 produira le même résultat pour 1851, et ainsi de suite.

Donations en faveur d'orphelins.

Il en est de même des *Donations en faveur d'orphelins*, spécialité mixte qui participe à la fois de la Dot et de l'Éducation, autant par la nature des charges qu'elle embrasse que par la forme des dépôts et des rentrées dont elle est l'objet ; car les mises s'y versent par annuités, ainsi que dans les deux cas d'Education et de Dot, tandis que les répartitions s'y exécutent indifféremment en plusieurs années, comme dans le premier, ou bien à une seule époque, comme dans le second. — Je veux qu'un orphelin que j'élève touche un terme de pension en 1849, par exemple : je verse en 1844 pour atteindre l'époque de la répartition ; je verse également en 1845, si j'ai besoin de recevoir en 1850 ; en 1846 pour 1851 ; et les engrenages se suivent toujours de la sorte. Si je veux stipuler pour une répartition unique, tout en versant d'année en année, je réemploierai le capital de chaque rentrée quinquennale dans une nouvelle série, comme nous l'avons vu tout-à-l'heure au sujet de la Dot. Encore, si je veux que mon donataire ne touche que les revenus ou des fractions du revenu du capital pendant un certain nombre d'années, et que le gros de la somme rentre dans ses mains à un âge que mon choix détermine; le contrat fixe en conséquence la part d'annuité que je prélève sur les répartitions et la part que je replace, et qui doit appartenir aux survivants.

Rente progressive différée.

Quant à la rente progressive différée, voici le procédé le plus simple d'après lequel on peut la constituer par notre combinaison : — Le souscripteur engage son apport dans cinq séries, soit quinquennales, soit annuelles, et, tous les cinq ans ou tous les ans, il réemploie chaque rentrée de sa mise primitive dans une nouvelle série qui comprend toujours un même espace de temps. Pour obtenir ce résultat dans les séries quinquennales, il ne faut que cinq capitaux que l'on échelonne pendant cinq années successives, de même qu'il ne faut qu'un seul capital, une fois payé, dans les séries qui sont limitées au parcours d'un an ; et, sous le mode quinquennal comme sous le mode annuel, le souscripteur qui réemploie constamment sa mise primitive, se trouve tous les ans et pendant tout le cours de sa vie en face de nouvelles répartitions.

La pensée dominante de l'homme qui veut se créer une rente viagère, c'est d'augmenter l'aisance de ses vieux jours, sans se charger du moindre des soucis et des ennuis qu'entraîne l'administration d'un capital. On doit donc lui faire comprendre, avant toute chose, que ce désir d'insouciance sera pleinement satisfait par le contrat à répartitions périodiques. La simplicité du mécanisme de cette forme d'assurance en fait un jeu plutôt qu'un souci.

Rente progressive différée sans aliénation de capital.

L'exemple que l'on vient de donner sur les Rentes progressives différées, s'applique parfaitement aux *Rentes progressives* sans aliénation de capital, à cela près néanmoins que la plus-value dont le sociétaire dispose tous les ans, et qui constitue sa rente, n'est formée que de sa part proportionnelle dans les réversions d'intérêt, et qu'il n'entre dans leurs éléments aucune réversion de principal.

Le souscripteur qui veut augmenter son revenu par le bénéfice de la mutualité, sans toutefois aliéner son capital, pourra, comme dans la rente différée, verser son capital par fractions, et, à l'expiration de chaque série, à partir de la cinquième année, ou même de la première, recevoir annuellement, et pendant tout le cours de sa vie, une part proportionnelle dans les réversions. Plus il avancera en âge, et plus le bénéfice s'augmentera; après sa mort, le capital primitif sera rendu à ses ayants droit.

Il est évident que le bénéfice que le rentier retirera de sa mise par le contrat à répartitions périodiques, sera beaucoup plus fort que par le procédé ordinaire en usage chez nos concurrents : chez nous comme chez eux, il peut toucher des arrérages dès la première année; mais s'il a la patience d'attendre cinq ans, il jouira alors, tous les ans, à partir de l'expiration de la première période quinquennale, d'un revenu qui se sera accru par le cumul des intérêts et par les réversions; car chaque versement ayant un parcours de cinq années, profite de toutes les chances de décès d'une nombreuse association.

Toutefois, les souscripteurs doivent bien comprendre que, par ce mode de procéder, les déposants qui spéculent sur la base des réversions d'intérêt et de capital peuvent s'associer sans obstacle avec les déposants qui spéculent sur la base des réversions d'intérêts purs et simples, parce que, dans la mutualité commune à ces deux catégories, l'une compte pour un double ordre de chances, tandis que l'autre profite des avantages du contrat en proportion de ses chances spéciales, qui ne sont que d'un seul ordre. Le client qui soumet un certain capital à la réversibilité, et le client qui n'y soumet que l'intérêt de ce même capital, ne sont aucunement incompatibles; tous les deux, quoique à des degrés inégaux, trouveront plus de profit et plus de sécurité dans l'association générale, que n'aurait pu leur en donner une petite Société particulière, indépendamment de l'avantage qu'ils ont de rester constamment maîtres de continuer ou de discontinuer cette opération.

Constitution d'un capital pour une époque quelconque.

La constitution d'une Dot ou d'un Capital quelconque pour une époque donnée et à un âge quelconque, se pratique aussi bien par le système des répartitions périodiques, au moyen du réemploi, que par le système des répartitions uniques; ce dernier est plus simple peut-être, parce qu'il n'exige dans le contrat que la détermination d'une seule date. Il appartient également à notre association générale.

Et, pour en faire comprendre la flexibilité, nous l'appliquerons aux deux spécialités les moins en usage dans l'assurance.

Fonds de mineurs.

L'administration des biens de mineurs est toujours la cause d'un très-grand embarras pour le tuteur. Le conseil de famille peut, après avoir déterminé la somme annuelle à employer à l'entretien et à l'éducation du mineur, prescrire que l'excédant de ses revenus et les capitaux mobiliers dont les intérêts ne seraient pas nécessaires à ses dépenses, seraient versés à **L'Équitable** pour une période correspendant à son âge de majorité, et avec la condition que le capital, en cas de décès, ne serait pas aliéné.

Un père de famille, qui, par une disposition testamentaire, prescrirait un emploi semblable des valeurs disponibles de sa succession, pourrait doubler et quintupler la fortune de ses enfants à l'époque de leur majorité. Ce serait le plus sûr moyen de se mettre à l'abri des procès et des chances que les mineurs courent toujours avec des tuteurs qui n'ont souvent qu'un médiocre intérêt d'affection à accepter les charges d'une tutelle. Cette gestion de capitaux se ferait sûrement et loyalement par nos institutions, et ses produits ne tarderaient pas à augmenter dans une notable proportion la fortune destinée aux enfants.

Ici le père de famille ne sera pas arrêté par les chances aléatoires du contrat, car s'il a deux enfants, nous démontrerons plus tard comment, en cas de mort de l'un d'eux, la totalité de sa fortune se retrouverait sur la tête du survivant ; s'il n'a qu'un héritier, que lui importe que la somme engagée passe à des collatéraux ou à des coassurés !

Dégrèvement des dettes hypothécaires ou de toute autre nature.

Cette opération, dans **L'Équitable**, se ferait à des conditions beaucoup plus avantageuses que dans les Établissements spéciaux qui ont été créés depuis quelques années, et dont la plupart sont loin d'offrir les garanties désirables.

En ajoutant aux intérêts que l'on paie directement à son débiteur, un supplément que l'on verse à **L'Équitable**, d'un et 1/4 pour 100 du capital pour une période de 20 ans, de 2 et 1/3 pour 100 pour une période de 15 ans, et de 5 pour 100 pour une période de 10 ans, on peut espérer, en cas de survie, trouver dans le bénéfice de l'assurance le capital nécessaire au remboursement de sa dette ; et si l'assuré meurt dans l'intervalle, les mises par lui versées sont restituées à ses héritiers.

Dans le cas où il voudrait courir la chance de la perte de ses mises, il n'aurait à verser qu'un supplément d'intérêt d'un pour 100 pour 20 ans, 2 pour 100 pour 15 ans, et 4 pour 100 pour 10 ans.

On peut objecter qu'on ne prête pas ordinairement pour un laps de temps aussi éloigné.

Cela est vrai; mais il est bien rare que l'emprunteur hypothécaire soit en mesure de rembourser à l'échéance, et à moins de recourir à des moyens extrêmes, qu'il pourrait éviter par l'assurance, il est obligé d'obtenir des prorogations successives qui lui seront alors accordées d'autant plus facilement qu'il présentera à son créancier une garantie nouvelle, son contrat d'assurance.

Et comme **L'Equitable** laisse à ses Souscripteurs la libre disposition de l'emploi des capitaux de répartition, si, avant l'expiration de la période pour laquelle il a souscrit, le Sociétaire trouve dans ses ressources personnelles le moyen de rembourser sa dette, il en profitera, sauf à donner une autre destination au résultat de sa souscription.

Recrutement.

Lorsque l'assurance est faite en vue du recrutement, il faut combiner deux ordres de chances : celles de la mortalité et celles du recrutement. — La statistique détermine aussi bien pour chaque âge la moyenne proportionnelle des chances d'exemptions du service, que la moyenne proportionnelle des chances de morts.

L'une et l'autre moyenne doivent former la base d'une opération complexe, dont la première partie rentre dans le système des associations en cas de vie, et la seconde dans le système des indemnités mutuelles payables en cas de chute au sort.

Ainsi, les mises de l'assuré doivent d'abord être versées dans une première caisse qui lui donne son capital avec intérêts et réversions, à sa vingtième année, en cas de survie.

Ensuite, à moins qu'il ne veuille garder ce premier capital et courir les risques du tirage, l'assuré réengagera les fonds que la répartition a mis entre ses mains dans une seconde caisse, où les contributions se calculeront sur les chances de recrutement. Il en reçoit un capital dans le cas où il tombe au sort.

Il importe de faire considérer que ces deux opérations ne sont pas inséparables, et que la première offre seulement un acheminement facile vers l'autre, dont on peut toujours se dispenser, pour peu que l'on ait des raisons particulières de croire que l'on s'exemptera sans difficulté du service.

Exemple : On fait en faveur d'un enfant, à sa naissance, un contrat de vingt ans pour une mise annuelle de 15 fr. ou une mise unique de 150 fr. A la vingtième année, cette mise peut fournir une somme qu'on est libre de reprendre, si, dans l'intervalle, des causes d'exemption sont survenues en sa faveur, ou s'il a résolu d'embrasser la profession militaire.

Si, par contre, l'assuré, toujours soumis aux chances du tirage, persiste à vouloir se libérer du service (et c'est la règle commune), la somme qu'il aura reçue lui permettra de contracter, la veille du tirage, dans une Compagnie spéciale, qui, dans le cas où il tomberait au sort, le mettrait en mesure d'acheter un remplacement.

Pour se rendre compte de la vertu des combinaisons que l'on vient d'expliquer, il ne faut pas perdre de vue le but de **L'Équitable**. Cet établissement a pour principe la mutualité, comme toutes les assurances sur la vie ; seulement pour lui, la mutualité est franche et loyale, conçue dans l'intérêt des Souscripteurs, tandis que, chez la Compagnie à primes fixes, elle est dissimulée, onéreuse, et se réalise seulement au profit de la Société exploitante. Or, qui dit mutualité, dit de toute nécessité chance de gain et aussi chance de perte, équilibrées toujours de telle sorte qu'à mesure que le bénéfice diminue, la probabilité qu'on perdra diminue dans le même rapport, *et vice versa*. Si, par exemple, nous supposons que les risques soient réduits à zéro, le bénéfice sera, par là même, réduit à zéro à son tour. On a cherché à prouver que le résultat des associations sur la vie, était loin de compenser les risques que l'on courait, et l'on s'est lancé dans des calculs pour établir que, sur une masse donnée, la mortalité étant très-lente, les bénéfices devaient être à peu près nuls. Mais, ainsi que nous venons de le dire, si les chances de gain sont minimes, il est mathématiquement vrai que les chances de perte doivent être à peu près nulles; et comme jusqu'à ce jour tout le monde s'est avisé de mourir, il faut bien que les résultats arrivent.

Mais voyons comment nous pourrons amoindrir les chances fatales que court chaque assuré, tout en lui réservant le bénéfice des décès. Un père qui a assuré ses deux enfants a moins de chances de perdre son capital que s'il n'en a assuré qu'un seul, car il est probable que si l'un meurt l'autre vivra, et par conséquent bénéficiera. Ainsi, par exemple, chaque enfant a versé 200 fr., soit 400, sur un contrat de dix ans : la moyenne du produit étant de trois fois la mise, il s'ensuit que si l'un meurt, le père de famille ayant versé 400 fr., en recevant 600 fr. aura encore 200 fr. de gain; si les deux enfants vivent, il réalisera 1,200 fr.

Les chances de perte s'amoindriront encore bien davantage si nous étendons l'Assurance à trois têtes. Ainsi, par exemple, trois enfants à la naissance sont assurés pour 600 fr. chacun. Dans une période de vingt années, produit probable, cinq et six fois la mise. Un seul vit : 3,000 à 3,600 fr. de recette, 1,200 à 1,800 fr. de bénéfices; deux vivent : 6,000 à 7,200 fr. de recette, soit 4,000 à 5,400 fr. de bénéfices. Si l'on étendait l'Assurance à une famille tout entière, les chances de bénéfices seraient bien autrement considérables; car, en suivant le calcul de probabilité, il est rare de voir tous les membres d'une famille disparaître. Le principe que nous venons de poser s'applique tout aussi bien à des têtes de différents âges; seulement, pour obtenir un produit égal, il faut déposer des mises calculées en conséquence.

Ainsi, supposons que le père d'un enfant qui vient de naître souscrive deux Assurances, l'une de 1,000 fr. sur sa tête, l'autre de 3,000 fr. sur celle de son fils; la prime versée sur la tête du fils, peut donner droit à une répartition de 18,000 fr. environ; tandis que, d'un autre côté, 1,000 fr. versés pour quinze ans produiront environ 4,000 fr.

Admettons la mort du père : l'enfant gagnera encore

14,000 fr.; et dans le cas où le fils mourrait, son père, en touchant 4,000 fr., se retrouverait dans la situation où il était avant de souscrire.

Si l'enfant et le père survivent, ils auront une double répartition qui leur aura fait gagner 18,000 fr.; car pour 4,000 fr. ils en recevront 22,000.

En combinant les Assurances on peut donc, comme on le voit, amener d'une manière plus ou moins probable la non-aliénation du capital.

Rentes immédiates.

Nous avons expliqué le mécanisme des rentes temporaires, c'est-à-dire qui ont une durée limitée à un parcours de tant d'années. Nous avons montré comment il était possible de se constituer une rente viagère par notre Caisse des répartitions périodiques, nous allons maintenant aborder la rente viagère immédiate et à taux fixe. Et quoique cette combinaison n'ait jamais été présentée en mutualité, nous n'en essayerons pas moins de résoudre le problème qui a arrêté jusqu'ici nos devanciers.

Le principe de la rente viagère n'est autre chose que le fractionnement d'un capital donné et de ses revenus composés en un certain nombre d'annuités. Et, en effet, un individu verse sur sa tête une somme de 100 fr., pour jouir d'un revenu d'autant plus fort qu'il veut absorber chaque année une partie de son capital. Que font les Compagnies à primes? Elles supputent que le rentier a tant d'années à vivre, et c'est sur sa longévité présumée qu'on fixe le taux de la rente et qu'on lui paie 7, 9, 10 ou 15 pour cent du capital engagé. S'il meurt avant le terme qui lui a été assigné par le calcul, la Compagnie bénéficie de la différence, c'est-à-dire du capital non absorbé; s'il dépasse ce terme, le capital étant mangé par l'intérêt extraordinaire qu'on a payé, la Compagnie se trouve en perte de tous les semestres qu'elle est obligée de verser jusqu'à la mort du rentier; mais comme on suppose toujours que le rentier vivra *très*-longtemps, et que le fractionnement de son capital s'opère sur vingt années, par exemple, lorsque la table de mortalité ne lui en donne que quatorze ou quinze à vivre, il s'ensuit que le bénéfice est certain, et que la perte ne se réalise jamais. La meilleure preuve que l'on puisse en donner, c'est que les Compagnies à primes ont constamment réalisé d'énormes bénéfices sur leurs rentiers viagers.

L'Equitable, adoptant le même principe et le même point de départ pour base, constitue sa rente immédiate sur des éléments identiques; seulement, chez elle, les rentiers profitent eux-mêmes des bénéfices qui, dans les Compagnies propriétaires, deviennent le partage des actionnaires. On conçoit, dès lors, que la rente de chaque associé doit s'augmenter en raison des décès qui enrichissent les Compagnies à forfait. Dans l'exemple cité, comment procède **L'Equitable**? Elle suppute que le Sociétaire a quinze années d'existence probable; elle divise alors les 100 fr. qu'il verse en quinze annuités, en tenant compte des intérêts cumulés dans une proportion décroissante, et en compose une somme de 7 fr. ou 7 fr. 50 c., par exemple, qu'elle paie annuellement ou semestriellement à la tête assurée.

Elle a prévu le cas de longévité extraordinaire, et tous les trois ans un inventaire est dressé pour constater les bénéfices résultant des décès survenus dans la période écoulée. Ces bénéfices sont fractionnés en autant d'annuités que les tables de mortalités assignent d'année d'existence probable à chaque Sociétaire, ou sont distribués en totalité ou par parties avec les semestres de rente. Ainsi, le Sociétaire peut recevoir en une seule fois le produit des décès survenus dans le cours d'une période triennale, comme aussi il peut les ajouter à son revenu pour parer à l'éventualité très-peu probable que nous avons posée, et qui, ne se réalisant jamais chez les Compagnies à primes, ne se réalisera certainement pas par préférence dans **L'Equitable**.

Cette réserve suggérée par la prudence existe d'ailleurs dans les Sociétés anglaises : elle est faite dans le but de prolonger la rente de ceux dont l'existence dépasserait le terme fixé par les tables de mortalité prises pour point de départ. Un Sociétaire, dont le capital et les revenus ont été divisés en dix annuités, parce que dix années de vie lui ont été accordées par le calcul, arrive au terme où son capital est presque absorbé. Les bénéfices qui ont eu lieu dans les dernières périodes triennales qu'il a parcourues, viendront alors suppléer à la cessation possible de la rente, et seront fractionnés à leur tour en autant d'annuités que la table de mortalité lui assignera *à cet âge* d'années d'existence probable.

On comprendra que nous pouvons dès lors pratiquer la rente viagère avec autant de sécurité que les Compagnies propriétaires, dont les calculs sont faits de telle sorte, qu'elles ne peuvent qu'en retirer des bénéfices importants. L'association des rentes immédiates de **L'Equitable** a cet attrait incontestable, c'est que la rente va sans cesse en augmentant, et que si pour point de départ nous prenons un chiffre modéré, il n'en est pas moins certain que le taux progresse au fur et à mesure que l'on avance en âge.

SECONDE PARTIE.

PRATIQUE.

I. Engagements. — II. Formation des contrats. — III. Versements. — IV. Répartition.

I. ENGAGEMENTS.

Comment se contractent les associations mutuelles sur la vie?

Elles s'effectuent ordinairement par l'intermédiaire d'établissements autorisés par l'Etat à réunir les fonds des associés, à les placer, à en percevoir les intérêts, et enfin à en opérer la répartition aux ayants-droit. **L'Equitable** est un de ces établissements. C'est entre ce dernier et l'assuré qu'est passé le contrat de souscription.

Qu'est-ce que le contrat de souscription?

Le contrat est l'acte constitutif par lequel un individu, sous notre administration, s'oblige envers **L'Equitable**, qui représente elle-même, vis-à-vis de chaque client, la masse totale des sociétaires.

Et l'on entend par *Sociétaire* l'individu appelé à recueillir le bénéfice de l'assurance. Le Souscripteur est sociétaire toutes les fois que la souscription n'est pas stipulée au profit d'un tiers, mais à son propre profit.

Quelles sont les personnes sur la tête desquelles la souscription peut reposer?

Elle peut reposer sur la tête du souscripteur ou sur la tête d'un tiers, à la charge par celui qui contracte sur la tête ou au profit d'un tiers, de justifier du consentement de ce dernier, ou de celui des parents, maris ou tuteurs, pour les personnes inhabiles à contracter.

Au profit de qui la souscription peut-elle être faite?

Elle peut être faite, soit au profit du souscripteur lui-même, soit au profit d'un tiers.

La femme en puissance de mari peut-elle souscrire une assurance?

L'assurance contractée par une femme en puissance de mari

et sans le consentement de ce dernier, serait refusée par les commissaires du Gouvernement. Il faut donc le consentement de l'époux.—On trouve ci-après, au bas des *modèles de contrats*, dans quelle forme ce consentement peut être donné lorsque la femme veut faire elle-même, et de ses propres deniers, une assurance, soit sur la tête de ses enfants, soit sur celle de tout autre individu.

Peut-on souscrire sur la tête ou au profit d'un tiers sans le consentement de ce tiers?

Le consentement est obligatoire d'après les statuts (1) lorsque l'assurance est faite sur la tête ou au profit d'un tiers. Les *modèles de contrats* contiennent la formule à employer dans ce cas. Autant que possible il ne faut pas négliger de remplir cette formalité, qui peut d'autant plus facilement être observée, qu'elle n'exige l'intervention d'aucun officier ministériel.

La régularité parfaite du contrat n'est-elle pas une condition essentielle de la souscription?

On doit regarder comme l'un des principaux éléments de propagation, la régularité parfaite du contrat qui lie le souscripteur à l'établissement, car rien ne recommande autant l'Administration à la confiance de ses clients, que l'exactitude et le soin qu'elle apporte à la rédaction de ces actes. Il est nécessaire qu'aucune erreur ne se glisse dans le libellé des contrats, et que toutes les formalités prescrites par les statuts soient minu-

(1) Cet article des statuts est du reste contraire aux principes du droit commun, qui accorde qu'on peut stipuler au profit d'un tiers, sans le consentement de ce tiers ; ainsi, par exemple, rien n'empêche qu'on ne constitue une rente viagère sur la tête ou au profit d'une tierce personne, et dans la pratique c'est ce qui a souvent lieu, sans qu'on réclame aucun consentement.

tieusement remplies, car un acte rédigé avec soin paraît plus sérieux, et le souscripteur se montre d'autant mieux disposé par la suite à en remplir toutes les conditions, que le lien réciproque est plus clair et plus précis. Nous donnerons donc une attention toute spéciale au chapitre *De la formation du contrat.*

II. FORMATION DES CONTRATS.

Comment doivent être rédigés les contrats.

L'engagement des souscripteurs avec **L'Equitable** est constaté, comme nous l'avons déjà dit, par un contrat.

Le contrat est fait sous signature privée; il est daté du lieu et du jour où il est passé.

L'un doit rester au souscripteur, et l'autre figurer dans les archives de **L'Equitable**.

A chaque assurance, il est rédigé un contrat en double original.

Tous les deux sont revêtus de la signature du souscripteur et du fonctionnaire qui reçoit la souscription.

Le contrat contient les nom, prénoms, profession et domicile du souscripteur; les nom, prénoms, domicile et date de naissance de l'assuré; la somme pour laquelle la souscription est faite, le mode et l'époque de paiement choisis par le souscripteur.

Les sommes et les dates, dans le corps de la rédaction, doivent être remplies en toutes lettres.

Les fonctionnaires doivent remplir, avec un soin minutieux, les blancs laissés dans le texte des contrats, *en ayant scrupuleusement égard à l'ordre et à l'orthographe des noms et prénoms de chacune des parties contractantes, ainsi qu'à la mention de la date et du lieu de naissance.*

Quelles sont les règles établies pour l'élection de domicile des souscripteurs?

Chaque souscripteur est tenu d'élire à Paris, ou dans les

villes où seraient établies des succursales, un domicile auquel seront valablement adressées toutes les communications, ou signifiés tous actes judiciaires ou extra-judiciaires relatifs à l'exécution du contrat.

Le domicile élu au moment de la souscription demeure valable pour le souscripteur, le Sociétaire et leurs ayants-droit, jusqu'à ce qu'ils en aient fait connaître un autre à l'administration centrale à Paris.

La Société ne reconnaît qu'un seul domicile pour tous les ayants-droit d'un Sociétaire.

Quelle est l'époque que l'on doit fixer dans le contrat pour le paiement de la souscription?

Le premier juillet ou le premier décembre, au choix du souscripteur. Si la souscription est faite par annuité, la première, à moins qu'elle ne soit payée de suite, doit être versée à l'une des deux époques indiquées. Le premier juillet, lorsque la souscription a lieu dans le premier semestre de l'année; le premier décembre, lorsqu'elle est faite dans le second. Quant aux annuités qui suivent la première, elles sont toutes payables invariablement le premier décembre, ainsi qu'il est stipulé au contrat.

Quelles sont les pièces à joindre au contrat?

Les fonctionnaires doivent joindre au contrat: 1o l'acte ou un extrait de l'acte de naissance de la tête assurée, et le consentement, s'il y a lieu, lorsqu'il n'a pu être mis au bas du contrat.

Si l'acte de naissance ne peut être fourni immédiatement, surtout s'il doit venir de pays étranger ou d'outre-mer, il suffira que le souscripteur s'oblige à le fournir dans un délai qu'on déterminera suivant les circonstances.

Comment devrait être rédigé le contrat, si le souscripteur avait pour but de pourvoir aux frais d'éducation d'un enfant, ou de se constituer une rente viagère différée?

Supposons que l'enfant ait six ans, que son éducation doive commencer à onze ans et se continuer jusqu'à dix-sept ans. Comme il s'agit de se préparer un revenu annuel de..... pour payer la pension pendant les sept années que l'enfant doit passer au collège, le contrat devrait être fait conformément au

MODÈLE n° 1 (à la fin du volume).

Si le souscripteur voulait verser une mise unique et toucher pendant sept années consécutives, comment le contrat devrait-il être libellé?

La formule serait absolument la même quant aux répartitions; toutefois, pour ne laisser aucun doute sur la rédaction, voici le modèle que les fonctionnaires pourront adopter, le cas se présentant.

MODÈLE n° 2 (à la fin du volume).

Au moyen de ce contrat, le souscripteur recevra chaque année, à partir de 1849, la somme qui lui est indispensable pour l'éducation de ses enfants.

Le contrat pour la rente différée suit absolument la même marche; il appartient au même ordre de combinaisons. En effet, le souscripteur engage son apport dans cinq séries, soit quinquennales, soit annuelles, et, tous les cinq ans ou tous les ans, il réemploie chaque rentrée de sa mise primitive dans une nouvelle série, qui comprend toujours un même espace de temps. — Pour obtenir une rente, il ne faut que cinq mises que l'on échelonne pendant cinq années successives; ainsi, par exemple, un souscripteur souscrit pour vingt mille francs divisés en cinq portions. — Il engage la première aujourd'hui même pour cinq années; l'année prochaine son second versement entrera dans une nouvelle série quinquennale; il continue ainsi avec les trois autres portions, et cinq ans après le premier dépôt il se trouve en face de cinq répartitions annuelles et successives, dont l'une échoit à cette époque même, dont les autres sont exigibles un, deux, trois et quatre ans plus tard. — Quelle est l'opération qu'il a à faire? — Elle consiste à garder la plus-value que lui rapporte le cumul des intérêts et des réversions, pour réemployer son apport primitif pur et simple dans une période de cinq ans. La seconde année, il touche une autre plus-value, et réemploie également le capital primitif; et lorsqu'il arrive aux diverses échéances de chaque dépôt, il trouve perpétuellement devant lui, jusqu'à la fin de sa vie, cinq remboursements successifs auxquels ces cinq versements toujours renouvelés correspondent.

La différence entre la somme versée et la somme remboursée, c'est-à-dire, d'une part, le produit des intérêts, et, d'autre part, la portion qui lui est attribuée dans les versements de ceux qui sont morts, constitue ses revenus annuels.

Le contrat suivant remplira donc le but du souscripteur.

MODÈLE nº 3 (à la fin du volume).

Le même résultat peut être obtenu par le versement immédiat de la mise, en suivant la marche indiquée par le *modèle numéro* 2.

Un des avantages de ce mode de souscription, est de voir les répartitions s'augmenter au fur et à mesure que l'on avance en âge. Ainsi, un souscripteur qui aurait suivi avec fidélité l'engagement de réemployer ses mises, arriverait, à l'âge de 60 à 70 ans, à se constituer un revenu considérable avec un faible capital primitif.

Comment doit être libellé le contrat lorsque le souscripteur souscrit sur la tête d'un

enfant dans le but de lui constituer une dot, à vingt ans, par exemple?

Si la souscription est faite par annuité, le contrat devra être conforme au modèle ci-après :

MODÈLE n° 4 (à la fin du volume).

Si le souscripteur ne veut faire qu'un versement unique, le contrat devra être ainsi fait :

MODÈLE n° 5 (à la fin du volume).

Cette forme de contrat pourrait-elle s'appliquer à une souscription faite dans le but de pourvoir au remplacement d'un enfant?

Oui. — Il n'y aurait d'autres modifications au contrat que dans le chiffre de la souscription, qui serait nécessairement moindre, car l'opération serait telle que nous l'avons expliquée page 16.

Cette formule de contrat s'appliquerait encore à tout individu, de quelque âge que ce soit, qui voudrait faire une souscription sur sa tête et au profit d'un tiers, ou sur la tête d'un tiers au profit de lui-même, en ayant soin d'indiquer la durée de la souscription, qui peut être plus ou moins longue.

La souscription peut-elle reposer sur deux têtes; et, en cas de mort de l'une d'elles, le contrat peut-il profiter au survivant?

Du moment où l'on peut souscrire sur la tête d'un tiers, il n'y a aucun doute que l'on peut étendre le sens de l'article des statuts à plusieurs individus, et que la souscription peut reposer sur une ou deux têtes.

Le libellé du contrat doit nécessairement contenir cette mention importante; en voici le modèle.

MODÈLE n° 6 (à la fin du volume).

La souscription doit-elle exclusivement être faite au profit du souscripteur ou de l'assuré ?

L'article des statuts dit que la souscription peut être faite au profit d'un tiers; mais il ne limite pas ce droit aux seules parties contractantes. — Ainsi, je puis souscrire sur la tête de mon neveu, au profit d'un étranger. — Je puis stipuler que le bénéfice du contrat appartiendra à telle ou telle personne, et qu'en cas de mort de cette personne il profitera à ses ayants-droit, ou fera retour à mon fils. — Voici les différentes formules dont on pourrait faire usage.

Première formule.

M. *Pierre* ORVILLE souscrit pour une somme de *dix mille francs*, sur la tête de *Jean* ORVILLE, *son neveu*, né à . . . . ; AU PROFIT de *Pierre-Alexis* BOISSE, *ou de ses ayants-droit en cas de décès.*

Deuxième formule.

M. *Pierre* ORVILLE souscrit pour une somme de *dix mille francs*, sur la tête de *Jean* ORVILLE, *son neveu*, né à . . . ; AU PROFIT de *Marie* ORVILLE, *sa mère, et, en cas de mort de la bénéficiaire, au profit de lui*, *Pierre* ORVILLE, ou de *ses ayants-droit.*

Troisième formule.

M. *Pierre* ORVILLE souscrit pour une somme de *dix mille francs*, sur la tête d'*Adolphe* ORVILLE, *son fils*, né, etc..... ; AU PROFIT *de lui-même et de dame Marie* ESCUDIER, *son épouse.*

Ou :

M. *Pierre* ORVILLE souscrit pour une somme de *dix mille francs*, sur la tête d'*Adolphe* ORVILLE, son fils, et d'*Alexandrine* ORVILLE, sa fille, nés, etc.... ; AU PROFIT *de la communauté qui existe entre lui et Marie* ESCUDIER, *son épouse.*

Cette variété de formes de contrats suffira sans nul doute pour la complète instruction des fonctionnaires, et si quelques modifications étaient exigées dans telle ou telle circonstance particulière, ils ne devront point être embarrassés pour rédiger l'acte qui lie le souscripteur à notre établissement. Car, ainsi que nous l'avons déjà dit, *quel que soit l'aspect sous lequel se présente une souscription, elle n'exige en définitive que la même méthode pour l'entourer des éclaircissements qui lui sont propres.*

Quelle est la formule à introduire dans le contrat, lorsque le souscripteur souscrit avec condition de ne pas aliéner son capital?

Le libellé du contrat serait absolument le même que celui que nous avons donné dans chaque modèle; seulement à ces mots : Dont l'objet est de répartir entre les survivants *la masse sociale et ses intérêts à l'époque déterminée ci-dessus*, il faut ajouter : *avec condition pour le souscripteur que le capital de la mise lui fera retour ou à ses ayants-droit, en cas de décès de l'assuré.*

L'époque de la répartition doit-elle être fixée, dans les contrats par annuités, de manière à ce qu'elle soit toujours séparée du dernier versement par un intervalle convenable?

Il est absolument nécessaire de maintenir au moins treize mois d'intervalle entre le dernier versement et la répartition. Les contrats qui ne porteraient pas cette mention seraient renvoyés comme irréguliers. Cette distance de treize mois entre le dernier versement et l'époque fixée pour l'ouverture de la répartition est une nécessité, dans l'intérêt même des Souscripteurs. Ainsi, par exemple, un Souscripteur fait dix versements, le premier en 1843, le second en 1844, et ainsi de suite jusqu'au dixième paiement, qui aura lieu le 1er décembre 1853. Dans ce cas, l'ouverture de la répartition doit être fixée, non pas au 1er janvier 1854, mais au 1er janvier 1855. Si, au lieu de recevoir en 1855, le souscripteur désire participer à la répartition de janvier 1854, il ne fera que neuf versements, dont le dernier aura lieu le 1er décembre 1852. Voici, au surplus, un tableau indicateur qui préviendra toute erreur de la part de ceux qui le consulteront.

***ÉPOQUE** des Répartitions pour les Assurances dont la première annuité est payable en 1844.*

NOMBRE des VERSEMENTS annuels.	ÉPOQUE du DERNIER VERSEMENT.		ÉPOQUE DE LA RÉPARTITION, qui doit toujours être fixée *au moins* à treize mois après le dernier versement.		DATE de LA CLASSE et de L'OUVERTURE de l'Association.
3	Premier décembre	1846	Premier janvier	1848	1842.
4	Id.	1847	Id.	1849	
5	Id.	1848	Id.	1850	
6	Id.	1849	Id.	1851	
7	Id.	1850	Id.	1852	
8	Id.	1851	Id.	1853	
9	Id.	1852	Id.	1854	
10	Id.	1853	Id.	1855	
11	Id.	1854	Id.	1856	
12	Id.	1855	Id.	1857	
13	Id.	1856	Id.	1858	
14	Id.	1857	Id.	1859	
15	Id.	1858	Id.	1860	
16	Id.	1859	Id.	1861	
17	Id.	1860	Id.	1862	
18	Id.	1861	Id.	1863	

Comment doit être rédigé le contrat lorsqu'il s'agit d'une rente immédiate?

Nous avons expliqué page 19 le mécanisme de cette combinaison ; il est donc utile de donner le libellé complet du contrat, qui diffère tout-à-fait des modèles qui précèdent.

MODÈLE n° 7 (à la fin du volume).

Comment doit être passé le contrat lorsque le Souscripteur n'a pas l'usage de sa main ou qu'il ne sait pas écrire ?

Lorsque le Souscripteur ne sait pas signer, et s'il veut éviter les frais d'une procuration, il peut recourir à un parent, un ami, ou simplement à un voisin lettré, en un mot à telle personne que bon lui semble, qui agit en qualité de mandataire ou comme se portant fort de lui.

Alors le Fonctionnaire libelle le contrat de la manière suivante :

« Entre les soussignés :
« M. . . . . . (le Fonctionnaire).
« Et M. . . . . .
« Ce dernier agissant au nom et comme se portant fort
« (ou en qualité de mandataire, ainsi qu'il le déclare) de M.....
« (le Souscripteur).
« A été convenu ce qui suit :
« M. ..... pour M. ..... souscrit. »

Comment le contrat d'assurance devient-il définitif?

Les droits de gestion étant versés, le souscripteur est mis

en possession de son contrat; mais cet acte ne reçoit son exécution que du jour où il verse, soit sa mise au comptant, soit sa première annuité. La Direction centrale expédie alors à l'ayant-droit une police constatant que le contrat revêtu de sa signature est en pleine exécution.

Quel est le droit de gestion que l'Établissement est autorisé à percevoir sur le montant des souscriptions?

Pour faire face aux frais d'administration, l'Établissement perçoit, en sus des mises sociales, un droit de commission de 5 pour 100 du montant de chaque souscription.

Le souscripteur solde ce droit de gestion au fonctionnaire de **L'Équitable**, avec lequel il traite, à l'instant même de la signature du contrat.

L'admission d'un Sociétaire ne demeure-t-elle pas dans tous les cas soumise à l'approbation de l'administration centrale?

L'admission définitive de tout Sociétaire, en d'autres termes la ratification du contrat qu'il passe avec le fondé de pouvoirs de **L'Équitable** dans sa localité, est et demeure soumise à la décision de l'administration, laquelle, d'accord avec le conseil de surveillance, peut fermer les associations à qui que ce soit, sans être tenue de faire connaître les motifs de son refus.

Quelle est, pour le Sociétaire, la conséquence des erreurs d'indication dans les contrats.

Toute erreur d'indication provenant du propre fait du Souscripteur, qui, par elle-même, serait de nature à porter dommage et préjudice aux droits de la société dont le Souscripteur aurait prétendu faire partie, entraîne, ainsi que de raison, la nullité de son contrat et la restitution simple de son apport, à l'époque de la répartition, après l'accomplissement des formalités et la production des pièces nécessaires.

Lorsqu'il y a lieu de faire des rectifications sur un contrat d'assurance, comment doivent-elles être effectuées?

Les corrections, lorsque le cas se présente, ne doivent pas plus être faites par des surcharges qu'au moyen du grattoir, sous peine de nullité radicale.

Les ratures doivent être larges et franches.

Les contrats irréguliers sont renvoyés par la Direction centrale au directeur dans la circonscription duquel les erreurs ou omissions ont été commises.

L'ordre des communications mensuelles ne peut être interrompu dans tous les cas que pour une circonstance urgente.

III. VERSEMENTS.

De quelle manière les Souscripteurs peuvent-ils opérer leurs versements?

A Paris, les souscripteurs versent leurs mises en espèces à la caisse de la direction. — Dans les départements et à l'étranger, ce versement se fait entre les mains de l'agent commissionné, mais seulement en un mandat à vue ou à courte échéance payable à Paris, à l'ordre du Directeur.

Néanmoins, les versements peuvent se faire en titres de rentes sur l'État, transférés au nom de **L'Équitable.**

Les Souscripteurs, ou les fonctionnaires, aux lieu et place des Souscripteurs, n'ont-ils pas la faculté de verser leurs fonds chez les receveurs des finances.

Oui. — Et cette faculté résulte :

D'une circulaire ministérielle du 31 octobre 1842, qui a réglé les dispositions de l'article 21 de l'ordonnance royale du 14 avril 1819 à l'égard de *L'Equitable*;

Et de la lettre de M. le Ministre des finances adressée à M. le Directeur de *L'Equitable*, le 18 août 1842.

En opérant ce versement, on devra présenter au receveur un bordereau spécial dont le modèle imprimé fait partie du matériel de l'Établissement.

On peut tirer un grand parti de cet emploi sur les lieux des fonds de la clientèle; car chaque souscripteur, pouvant verser lui-même à la recette générale le montant de sa mise, trouvera une garantie de plus dans ce mode de paiement, et sa confiance dans l'institution qui surveille avec tant de sollicitude ses intérêts, sera plus absolue.

L'Établissement ne se charge-t-il pas de faire recevoir à domicile les annuités à payer par les Souscripteurs des départements?

La Direction centrale se charge de faire encaisser les annuités successives à domicile dans toute l'étendue de la France, soit par l'intermédiaire de ses fonctionnaires, soit par l'intermédiaire des receveurs particuliers des finances; mais, dans ce cas, le Souscripteur doit payer les frais d'encaissement, qui ne peuvent jamais être moindres de un franc par somme de 200 francs et au-dessous, et de demi pour toute somme supérieure. Ces frais, ajoutés au mandat, ne peuvent être supportés par la Direction générale de *L'Equitable*, qui n'emploie ce mode de paiement que pour éviter aux Souscripteurs des déplacements toujours ennuyeux et souvent coûteux. Il serait bon que les Fonctionnaires de **L'Équitable** mentionnassent sur les contrats la volonté du Souscripteur, soit qu'il veuille verser lui-même chez le receveur, soit qu'il consente au mode de recouvrement par mandat. Cette mention, mise en marge, serait une indication précieuse pour l'administration.

Elle peut se faire dans les termes suivants :

« Le Souscripteur se charge d'opérer lui-même ses verse-
« ments à la recette générale du département de . . . .
« (ou particulière de l'arrondissement de. . . . . . .).

Ou autrement :

« Le Souscripteur autorise le Directeur général de **L'Équi-
« table** à former des mandats payables à son domicile (ou au
« domicile . . . de M. . . .), pour le montant et à la date
« de chaque versement, en ajoutant au principal. . . (tant)
« pour frais de recouvrement. »

I. — Des retards dans les versements.

Le Souscripteur qui ne verse pas ses premières annuités ou sa mise au comptant à l'époque indiquée dans son contrat, peut-il participer aux bénéfices de l'association, à partir de la date à laquelle il devait verser?

Oui. — Bien que le Souscripteur soit en retard, il peut, en payant des suppléments mensuels d'après le tarif ci-après, participer à tous les avantages de l'association, comme s'il s'était conformé strictement aux obligations énoncées dans son contrat.

TARIF DES SUPPLÉMENTS MENSUELS,

Suivant l'âge des Assurés,

ÉTABLI SUR LA BASE D'UN VERSEMENT DE 100 FR.

	f. c.		f. c.
De la naissance à 1 an.	2 85	De 55 à 56 ans.	» 71
De 1 à 2 ans	1 15	56 57	» 72
2 3	» 83	57 58	» 73
3 4	» 77	58 59	» 74
4 5	» 70	59 61	» 75
5 6	» 67	61 62	» 76
6 7	» 65	62 63	» 78
7 8	» 63	63 64	» 80
8 9	» 62	64 65	» 81
9 10	» 60	65 66	» 85
10 11	» 58	66 67	» 88
11 12	» 56	67 68	» 93
14 16	» 57	68 69	» 98
16 20	» 58	69 70	1 04
20 25	» 59	70 71	1 07
25 35	» 60	71 72	1 14
35 46	» 61	72 73	1 19
46 48	» 62	73 74	1 25
48 50	» 63	74 75	1 35
50 51	» 65	75 76	1 37
51 52	» 67	76 77	1 45
52 53	» 68	77 78	1 57
53 54	» 69	78 79	1 65
54 55	» 70	79 80	1 80

Les suppléments mensuels sont-ils obligatoires à l'égard des retards dans le paiement de la première annuité?

Si le Souscripteur veut que les effets actifs et passifs de son contrat courent de la date même indiquée pour le paiement de la première annuité, les suppléments mensuels sont obligatoires. Mais s'il préfère que les bénéfices de l'association ne commencent pour lui que le jour du versement effectif de l'annuité, il ne doit rien payer en plus. Les fonctionnaires de *L'Équitable* doivent établir avec beaucoup de soin cette différence. Ainsi, dans le premier cas, un Souscripteur qui devait payer le premier janvier, ne paie que le 15 avril : au moyen des suppléments, la souscription recevra son effet à partir du premier janvier. Dans le second cas, c'est-à-dire si le Souscripteur ne veut pas rapporter à la masse le prix des chances qu'il a courues sans profit pour elle, la souscription ne donnera de bénéfices qu'à partir du 15 avril, jour du versement.

II. — Police définitive. — Quittances.

Quel est le titre que l'administration délivre aux Souscripteurs après le versement de leur première annuité, et de celles qui la suivent?

Aussitôt le premier versement effectué, l'Administration envoie au Directeur particulier d'arrondissement, qui la fait parvenir au Souscripteur, une police qui constate que la souscription est inscrite au registre matricule, et que les fonds ont été employés en rentes sur l'État.

Pour la constatation du paiement des secondes annuités, il est délivré une quittance extraite d'un registre à souche, signée par le Directeur général et le caissier de *L'Équitable*.

En attendant la remise de ce titre au Souscripteur, le fonctionnaire lui délivre un récépissé pour les mandats à vue ou à échéances fixes relatifs au paiement, soit d'une assurance au comptant, soit d'une annuité.

III. — Libération anticipée. — Constatation des versements.

Les Souscripteurs par annuités ne peuvent-ils pas se libérer par anticipation?

Les Souscripteurs peuvent, à toutes les époques, se libérer par anticipation, en versant le montant des mises qui leur restent à faire.

Cette libération donne au Sociétaire une plus forte part dans les bénéfices de l'association; car son capital entier court des chances de perte que le Souscripteur par annuité n'a acceptées que pour une fraction. Ce qui fait que le Souscripteur qui choisit le mode annuel, achète son droit dans l'association toujours plus cher que le Souscripteur qui adopte le système des mises uniques.

Comment les versements des Souscripteurs sont-ils constatés à l'administration centrale de l'Établissement?

Tous les versements reçus par l'administration sont enregistrés, à leur date, sur un livre de caisse coté et paraphé par un des membres du conseil de surveillance, et visé chaque mois par le Président de ce conseil et par le Commissaire du Gouvernement.

En outre, chaque premier de mois, la Direction fait imprimer la liste des Souscripteurs qui ont payé dans le courant du mois précédent, avec indication des sommes versées, de la date de leur conversion en rentes, et du numéro de la coupure délivrée par le trésor. Ces listes sont envoyées à chaque Souscripteur dont le paiement a été effectué.

Dans quel cas les Souscripteurs encourent-

ils la déchéance, et comment peut-elle être évitée?

Tout retard d'un an, dans le versement des annuités autres que *la première*, entraîne la déchéance, c'est-à-dire la perte de ses droits à toute participation de bénéfice, et à tout produit d'intérêt du capital versé dans l'association : le capital primitif, seul, devant être rendu au bénéficiaire de la souscription, en cas de survivance de l'assuré, à l'époque fixée pour la répartition.

Ainsi, le Souscripteur courra des chances de perte sans courir les chances de réversion, parce que, s'il meurt avant la répartition, son capital profite à la masse, et s'il vit, il ne reçoit que sa mise simple, sans intérêt et sans participation dans les bénéfices produits par les décès.

Mais le Souscripteur peut éviter cette perte, en payant, avant l'expiration de l'année de retard, son annuité augmentée d'un supplément mensuel calculé d'après le tarif indiqué plus haut.

Jusqu'au terme de rigueur, il peut user de la faculté de reprendre ses versements, afin de concourir aux bénéfices de la répartition.

Toutefois, la faculté de reprendre les versements, pour éviter la déchéance, cesse, en tout cas, au terme fixé pour la production des pièces relatives à la répartition, la déchéance étant acquise contre tout Sociétaire dont la mise n'est pas entièrement versée à cette époque.

IV. RÉPARTITION.

Comment s'opère la répartition entre les Sociétaires.

Les bénéfices de l'Association se répartissent aux époques fixées par la police entre les Sociétaires ou ayants-droit qui justifient de l'existence de l'Assuré sur la tête duquel leur souscription repose au *prorata* : 1° de l'apport social; 2° de l'époque d'entrée dans l'Association ; 3° de l'âge et des probabilités de vie de chaque Assuré.

Les tarifs de répartition qui établissent une comparaison proportionnelle entre les âges des Assurés et les époques de leur entrée dans l'Association, sont basés sur les tables de mortalité dressées par M. Demonferrand, Inspecteur général de l'Université, Examinateur à l'École Polytechnique : ces tables ont été couronnées par l'Académie des sciences, et comme elles nous ont été demandées maintes et maintes fois par nos mandataires, nous en donnerons une ici.

FRANCE. — *Table de mortalité de M. Demonferrand.*

Ages.		Ages.		Ages.	
0	10,000	34	5,406	67	2,723
1	8,236	35	5,358	68	2,582
2	7,706	36	5,290	69	2,439
3	7,413	37	5,242	70	2,293
4	7,220	38	5,195	71	2,142
5	7,075	39	5,147	72	1 981
6	6,962	40	5,097	73	1,815
7	6,872	41	5,047	74	1,644
8	6,796	42	4,996	75	1,477
9	6,731	43	4,940	76	1,304
10	6,676	44	4,881	77	1,150
11	6,621	45	4,820	78	1,011
12	6,582	46	4,758	79	880
13	6,545	47	4,694	80	760
14	6,511	48	4,630	81	651
15	6,475	49	4,564	82	548
16	6,436	50	4,492	83	446
17	6 393	51	4,426	84	358
18	6.347	52	4,352	85	285
19	6,299	53	4,269	86	225
20	6,245	54	4,186	87	178
21	6,188	55	4,101	88	138
22	6.087	56	4,015	89	108
23	6,015	57	3,926	90	84
24	5,941	58	3,838	91	64
25	5,867	59	3,745	92	49
26	5,800	60	3,646	93	36
27	5,744	61	3,535	94	27
28	5,692	62	3,407	95	19
29	5,646	63	3,274	96	13
30	5,597	64	3,140	97	8
31	5,549	65	3,002	98	4
32	5,501	66	2,864	99	2
33	5,454			100	1

Quelles sont les formalités à remplir pour établir son droit à la répartition?

Chaque Fonctionnaire recevra des Souscripteurs et Assurés, contre un récépissé qu'il leur délivrera, les pièces nécessaires pour concourir au travail de la répartition. Ces pièces consistent dans le certificat de vie de la tête sur laquelle un Souscripteur a conclu son assurance, ou en un acte de décès dont la date soit postérieure au jour fixé pour la clôture définitive des éventualités des contrats.

Sur le vu du bordereau de la liquidation sociale approuvée par le Conseil de surveillance, appuyé des pièces justificatives, le Ministre des finances délivre, à chaque titulaire et en son propre nom, des coupons de rentes de la dette publique. Ces coupons de rentes peuvent être immédiatement réalisés par les titulaires au cours du jour de la Bourse de Paris.

Les sommes trop minimes pour être converties en coupons de rentes sont soldées en espèces ou par des mandats.

La transmission de ces coupons et de ces soldes de compte est faite directement aux ayants-droit.

Sans entrer dans le calcul des répartitions, il sera facile aux Fonctionnaires de faire comprendre aux Souscripteurs combien est grande la sécurité que leur offre notre manière de procéder. A aucune époque, l'Administration n'a le maniement des fonds. En souscrivant, le père de famille verse ses fonds chez des Agents du Trésor, qui les convertissent eux-mêmes en rentes sur l'État. Arrivé aux termes du contrat, il reçoit des mains du Gouvernement, en un coupon de rentes, la somme qui lui est attribuée par le tableau de répartition. Cette sollicitude du Gouvernement pour les intérêts du public, est le gage le plus certain que ceux qui s'adressent à nous ne verront jamais leurs droits compromis par l'incurie ou la mauvaise foi, si elle était possible chez ceux qui dirigent les Établissements que l'autorité a pris en tutelle.

TROISIÈME PARTIE.

AGRÉGATION DES SOUSCRIPTEURS.

I. Action des fonctionnaires.—II. Initiation des individus.—III. De la Concurrence.

I. ACTION DES FONCTIONNAIRES.

I.—Comité de surveillance.

Les Directeurs ne doivent-ils pas s'appliquer à former un comité de patronage composé des notabilités locales?

Il a paru indispensable à la Direction générale de mettre en tête de ses prospectus les noms honorables sous le patronage desquels se produit l'Institution. Ce moyen doit être adopté pour toutes les localités, et chaque Directeur d'arrondissement doit, avant tout, s'occuper de former un comité de patronage, dont il indiquera les membres dans les prospectus qu'il fera imprimer pour sa circonscription.

Lorsque le Directeur a obtenu un certain nombre d'adhésions, il constitue le comité. Voici un modèle de procès-verbal dont il devra faire usage.

PROCÈS-VERBAL DE SÉANCE D'INSTALLATION

Du Comité de patronage de l'arrondissement de dressé à le 18

« Sont présents MM.

« Le comité nomme pour son Président M. . . . . . .

« M. le Président donne lecture de la lettre qui est adressée « au comité par le Directeur général de **L'Équitable.** »

Après quoi le comité délibère ce qui suit :

Une considération dominante doit encourager la propagation des opérations d'épargnes collectives, c'est qu'elles doivent être considérées comme le moyen le plus sûr d'arriver à l'organisation du travail ; et sous ce rapport on ne peut qu'applaudir aux doctrines émises dans les publications de **L'Équitable.**

Quel que soit le bénéfice éventuel pouvant revenir aux Souscripteurs, il demeure certain que les épargnes doivent s'accroître dans une notable proportion, et par l'accumulation des intérêts, et par les réversions des capitaux de ceux qui meurent.

La *surveillance incessante* qui entoure les actes de la Direction, les *garanties* exigées par l'État, sont de nature à donner une sécurité complète sur des établissements dont les résultats moraux et matériels sont incontestables.

Par ces motifs, il y a lieu, de la part du Comité et de chacun de ses membres, à appuyer de leur influence la Caisse d'épargnes collectives fondée sous la dénomination de **L'Équitable,** dont M.   est ici le représentant.

Relativement aux attributions du Comité,

Vu l'article 45 des Statuts, qui suppose qu'il doit être fourni toute communication aux intéressés qui le requièrent ;

Considérant que ces communications ne peuvent guère arriver aux Souscripteurs isolément ;

Que ceux surtout qui résident loin de Paris se trouvent hors d'état de les obtenir ;

Que, sans parler des illettrés, beaucoup seront insouciants ;

Que, dans le cas même où ils apprécieraient l'urgence de requérir une communication, d'élever un grief, de réclamer un office quelconque, ils n'auraient que la voie de commettre un mandataire ; mais ce mandataire, isolé lui-même, serait bien moins sûr, bien moins imposant que le patronage de plusieurs, investis à l'avance et collectivement du droit d'enquête et de requête ;

Que l'initiative de formation de ces Comités locaux de patronage et de surveillance va au-devant de tout ce que les Souscripteurs sont portés à désirer ;

Que, dans cette position, ces Comités sont les mandataires officieux des Souscripteurs pour surveiller et contrôler au besoin les actes de la Direction, tant locale que générale ;

Que cette institution est, sinon dans la lettre, au moins complètement dans l'esprit des Statuts ;

Que le Conseil de surveillance statutaire créé et résidant à Paris n'est connu que dans un rayon très-restreint.

Que dès lors il est important que les Souscripteurs de toutes les localités connaissent la marche de l'Établissement par l'envoi, à époques périodiques, que fera le Directeur, aux Comités locaux, d'un compte-rendu des délibérations du Conseil.

Qu'il n'est point de voie plus efficace, on peut même dire qu'il n'existe que cette seule voie, hors laquelle les Assurés et la Direction resteraient perpétuellement étrangers les uns aux autres, sans moyen de se connaître, sans moyen de contrôle, enfin sans cette harmonie qui ne peut résulter que de rapports bien établis.

Par ces motifs, le Comité de patronage, institution éminemment utile dans l'intérêt des Souscripteurs et Assurés, apprécie l'importance de sa mission et en exercera avec sympathie les attributions : à l'effet de quoi il se réserve de faire son règlement intérieur.

« Séance levée, les membres présents ont signé. »

II. — Conseils sur l'installation des comités de patronage.

Le sort du principe que nous représentons peut dépendre, dans une localité, pour quelque temps du moins, de l'opinion que formule à son égard tel ou tel personnage influent, et, par un sentiment de respect plein d'une dignité véritable, le public, en pareille matière, accorde autant de crédit aux lumières inhérentes à la fonction, qu'au talent déployé par l'homme qui l'occupe.

Le crédit privé d'un homme illustre est quelquefois aussi précieux qu'un titre officiel, pourvu que ce crédit ait des racines dans la majorité de la classe assurable; mais on voit souvent le contraire. Une réputation, d'ailleurs honorable et grande, peut être en guerre avec les opinions, ou en concurrence avec les intérêts qui dominent sur les lieux. Bien des fois, le Fonctionnaire qui ne se trouve pas toujours au point de vue d'ensemble des affaires nationales, risquerait de se tromper radicalement, s'il allait offrir à ses concitoyens la recommandation d'une célébrité qui serait impopulaire au milieu d'eux. Autant nous désirons que nos Fonctionnaires se présentent, le plus possible, sous les auspices d'un puissant patron, autant nous devons leur recommander la prudence, non-seulement dans les sollicitations qu'ils voudraient adresser à des personnes notables, mais encore dans l'usage qu'ils songeraient à faire de leurs lettres ou de leurs recommandations : ainsi, l'appui d'un Député, quelqu'utile qu'il puisse être, sera recherché plus sûrement et plus efficacement par nous-même, que par nos Fonctionnaires de province. Nous les invitons donc à nous faire leurs ouvertures en semblable circonstance. Lorsqu'ils auront des moyens privés d'accès auprès d'une personne dont ils ambitionnent l'adhésion publique, nous examinerons s'il est opportun de les faire valoir, et, dans l'hypothèse affirmative, nous aurons souvent l'occasion de les combiner avec les démarches d'autres Fonctionnaires, ou avec celles qui s'appuieront sur les relations de notre Direction centrale. Il s'entend de reste que, si la notabilité dont vous recherchez le témoignage est étrangère à la politique et de nature à ne pouvoir être combattue par aucune opinion, comme ces réputations d'hommes spéciaux dans une branche de l'industrie ou de la science qui sont passées à l'état de proverbe, votre libre arbitre tranchera sur l'emploi que vous aurez à faire de leurs recommandations auprès du public.

Les patronages sont donc une recommandation par eux-mêmes ; il y a telle place dans la société, dont le possesseur peut entraîner un grand nombre de convictions en faveur d'une entreprise qu'il aura solennellement approuvée.

L'impression de prospectus portant les noms des Patrons de *L'Equitable* sera, pour chacun de nos Directeurs, une dépense de peu d'importance, et le bénéfice qu'elle produira indemnisera, au centuple, ceux qui l'auront faite. Et, en effet, les hommes notables d'une ville exerceront toujours, sur la masse, une influence plus directe que les noms qui sont en tête des prospectus de la Direction générale, et qui, le plus souvent, sont inconnus à la grande partie des populations auxquelles on s'adresse. Et puis, du moment où les personnes marquantes d'une contrée consentent à patroner l'Etablissement, elles se trouvent dans l'obligation morale d'appuyer son mandataire de leur crédit et de préconiser l'Institution dont elles font en quelque sorte partie. Assez bon nombre de Directeurs ont déjà mis à profit ce conseil, et nous avons remarqué que leurs opérations s'étaient immédiatement accrues, et que leurs directions sont beaucoup plus productives que celles où la même mesure n'a pas été adoptée. Il faut donc faire réimprimer simplement le prospectus de la Direction centrale, en mettant en tête les noms des membres du Comité de patronage local, avec cette indication :

COMITÉ DE PATRONAGE DE LA DIRECTION DE

MM. . . . . etc.

III. — Publicité.

Quel est le mode d'annonces que doivent adopter les Fonctionnaires pour faire

connaître au public la nature du mandat qui leur est confié?

Parmi toutes les formes d'annonces qui se trouvent à leur disposition pour faire connaître leur nomination, la plus simple est, sans contredit, la *forme des lettres circulaires*. En effet, une lettre digne et sérieuse attirera toujours plus l'attention qu'une réclame jetée à la fin d'un journal. Cette lettre sera adressée par les Fonctionnaires à leurs concitoyens aussitôt qu'ils auront accepté le mandat de **L'Equitable**. Elle leur sera fournie par la Direction.

Cette première formalité remplie, on devra obtenir dans les journaux de la localité, l'insertion d'un article qui exposera d'une manière claire et concise le mécanisme de **L'Equitable**, les garanties qu'offre cette institution, et ses titres à la confiance publique. Sur la demande du Fonctionnaire, ces articles lui seront envoyés par la Direction.

Quelles sont les publications locales à faire par les Fonctionnaires?

Les publications dans le but de répandre le système de prévoyance de **L'Equitable**, parmi les populations qui les environnent, doivent toujours être faites dans le langage le plus convenable au pays. Elles consistent en articles de journaux, annonces et affiches, prospectus portant les noms des membres du comité de patronage de la localité.

La presse périodique offre pour cet objet une occasion de faire paraître des articles, où le détail des affaires de **L'Equitable** doit, autant que possible, être précédé de quelques réflexions générales. Des extraits choisis dans les ouvrages et dans les instructions publiés par la Direction centrale, occuperont convenablement une large place dans les journaux qui leur sont accessibles.

Quant aux annonces, on ajoutera ou on retranchera aux termes de celle que voici :

CAISSE D'ÉPARGNES COLLECTIVES.

L'ÉQUITABLE

AUTORISÉE PAR ORDONNANCE ROYALE.

Administration, boulevart des Italiens, 18, à Paris.

L'ÉQUITABLE est une Caisse d'épargnes collectives dont l'État est à la fois le tuteur et le caissier. Elle associe le plus grand nombre possible de versements, quelles que soient les sommes, afin que ceux des Déposants qui survivront à une époque donnée, partagent entre eux, dans la proportion de leur mise, la masse de tous les capitaux et des intérêts cumulés que ces capitaux auront produits. Les pères de famille trouvent dans cette institution le moyen de pourvoir, à peu de frais, aux sacrifices qu'exigent *l'Éducation*, *le Remplacement militaire*, *le Mariage ou l'Établissement* de leurs enfants. Les célibataires peuvent s'y constituer des rentes viagères à un intérêt plus élevé que par tout autre placement.

On peut souscrire à tout âge, à toute époque, et pour le temps que le Déposant détermine lui-même, *avec ou sans aliénation du capital*. La mise peut être payée soit par un versement unique, soit par des versements annuels, à la caisse des Receveurs des finances qui les convertissent immédiatement en rentes sur l'État.

GARANTIES EXIGÉES PAR L'AUTORITÉ

I. Gestion du Directeur garantie par un cautionnement progressif de 25,000 fr. de rentes 3 pour 0/0, c'est-à-dire de près de 700,000 fr.

II. Commissariat royal qui soumet les opérations de L'ÉQUITABLE à une surveillance spéciale.

III. Publication semestrielle des

comptes de l'Institution, et dépôt au Ministère du commerce, à la Préfecture de la Seine, à la Préfecture de police, à la Chambre du commerce et au Greffe du Tribunal de commerce de Paris.

IV. Intervention du Ministre des finances dans les répartitions.

V. Conseil de surveillance nommé par l'assemblée générale, et chargé d'inspecter dans ses réunions mensuelles tous les actes de la Direction.

S'adresser, pour tous renseignements, à M. . . . . *Directeur* (*sous Directeur ou Agent*) à. . . . .

Cette annonce devra être répétée au moins deux fois par mois dans les petites localités, et cinq ou six dans les villes importantes.

Des affiches très-lisibles doivent être imprimées avec élégance, sur papier de couleur; elles demandent à être placées dans les lieux de passage les plus fréquentés, tant à la ville qu'à la campagne. Indépendamment des points de la voie publique sur lesquels les yeux s'arrêtent, il est encore désirable que ces affiches soient étalées dans les endroits publics, où beaucoup d'habitants du lieu et beaucoup d'étrangers séjournent pendant un espace de temps plus ou moins long; tels sont les cafés, les hôtels garnis et autres, les stations de chemins de fer, les bureaux de voitures publiques et de bateaux à vapeur. Le Fonctionnaire lui-même aura soin de placer au-dessus de sa porte, en manière d'affiche permanente, une enseigne faite avec soin, et qui se distingue bien de celles du commerce.

Pour l'apposition et le renouvellement des affiches, il est recommandé de choisir les époques auxquelles une cérémonie, une foire, un marché, ou quelque autre évènement que ce soit, attirent l'affluence du monde. Le renouvellement de ces placards doit être fréquent.

Les affiches locales doivent porter les noms des membres du Comité constitué par le Directeur. L'Administration, afin de faciliter cette impression, allouera une indemnité au Fonctionnaire par chaque millier d'affiches qu'il aura fait tirer.

IV. — Distribution des prospectus.

Comment doit-on distribuer les prospectus, et quelles sont les démarches préliminaires pour solliciter des souscriptions ?

La distribution des prospectus peut se faire de plusieurs manières. L'envoi par la poste ne convient guère que pour les personnes qui le demandent expressément ; dans ce cas, il faut avoir soin de les mettre sous enveloppe, pour éviter les amendes qui retomberaient à la charge du Directeur. L'expérience a prouvé que les prospectus adressés au hasard à des personnes éloignées, ne donnaient presque jamais de résultat. Une invitation particulière vaut mieux qu'une invitation publique, parce que le choix que l'on a fait d'une personne, lui donne lieu de croire, avec raison, qu'on a reconnu l'utilité spéciale des combinaisons de prévoyance de l'Etablissement, pour les charges que cette personne pouvait avoir à remplir. Mais comme la parole a plus de puissance que l'écrit, il est toujours préférable de remettre les prospectus de la main à la main, aux gens avec lesquels on pourra avoir une conversation, n'occupât-elle que quelques minutes, surtout si l'on est en mesure de corroborer cette démarche par des recommandations, point essentiellement important pour le succès.

L'envoi du prospectus doit toujours être accompagné d'une lettre ainsi conçue, adressée nominalement à la personne dont on sollicite la souscription.

« Monsieur,

« J'ai l'honneur de vous adresser le prospectus des opé-
« rations de *L'Équitable*, Etablissement qui, dès l'abord, s'est
« placé sous la haute sanction du Gouvernement, et qu'une
« ordonnance a spécialement autorisé, le 29 juillet 1841. Je
« ne doute pas, Monsieur, qu'après vous être rendu compte

« de la nature de cette institution, dont le but est de procurer « à chacun les moyens de pourvoir aux charges qui se grou- « pent autour de notre existence, vous ne vous empressiez « de profiter, soit pour vous, soit pour les vôtres, des avan- « tages qu'offrent des combinaisons simples et à la portée de « tout le monde.

« Je me rendrai auprès de vous, pour vous développer le « système de **L'Équitable**, et vous démontrer la supériorité « de cet Établissement sur tous ceux qui, jusqu'à ce jour, « ont cru pouvoir fonctionner en dehors des voies légales.

« Permettez-moi d'espérer, Monsieur, que vous me ferez « l'accueil que mérite mon mandat, et que vous voudrez « bien me demander toutes les explications nécessaires à vo- « tre pleine et entière édification.

« Agréez, Monsieur, l'assurance de ma parfaite considé- « ration.

« *Le Directeur de* **L'Équitable**. »

Ces lettres produisent toujours le plus heureux effet, car elles attirent l'attention du père de famille sur la portée de l'institution ; mais si ces lettres n'étaient pas suivies d'une visite, l'impression qu'elles auraient pu produire serait bien vite effacée, et il n'en résulterait aucun bien. Les mandataires devront donc en faire distribuer dix à quinze dans un jour, et le lendemain ou le surlendemain, se présenter chez les personnes qui les ont reçues, pour leur expliquer verbalement le mécanisme des opérations. S'ils ont déjà obtenu de nombreuses souscriptions dans la localité, ils devront en faire valoir l'importance, en citant à l'appui les noms de ceux des Souscripteurs dont la position sociale paraîtra le plus propre à déterminer la personne à laquelle on s'adressera.

V. VISITES.

C'est dans ces visites que l'on doit exposer les bienfaits de l'assurance en se plaçant au point de vue de la position spéciale où se trouve la personne que l'on veut convaincre. Si c'est un agriculteur, on lui montrera combien il est utile de se préparer des ressources pour les mauvaises années, et d'amasser, au moyen de faibles économies, la somme nécessaire pour le paiement de ses fermages. Il faut faire ressortir avec simplicité les avantages que présentent les combinaisons de **L'Équitable**. En général, la vie simple que l'on mène à la campagne, rend les habitants plus accessibles aux idées de prévoyance. Ils pensent plus souvent à l'avenir, dont ils sont aussi plus disposés à préparer le bien-être par quelques épargnes modiques et successives : on devra donc diriger tous ses efforts sur les campagnes, où l'on rencontrera moins d'obstacles, et où l'exemple a plus de puissance. On a déjà indiqué les divers moyens que l'on devait employer pour obtenir la confiance des cultivateurs, et ceux des Directeurs qui ont suivi ces conseils ont atteint des résultats dont le chiffre a dépassé leur attente.

On trouvera chez les rentiers les mêmes habitudes d'ordre, les mêmes sentiments d'économie ; il faut dès lors leur faire envisager l'assurance comme le placement le plus propre à augmenter leurs revenus, sans compromettre leur capital. Ces deux sortes de placement doivent être indiqués en détail : le premier consiste dans la *rente immédiate*, le second dans la *rente différée*.

Lorsqu'on s'adressera aux industriels, on rencontrera beaucoup plus de difficultés, car les circonstances dans lesquelles ils vivent sont tout-à-fait opposées à celles qui entourent les agriculteurs : habitude de grands produits, eu égard au capital engagé ; besoin de fonds considérables pour améliorer leurs entreprises ; ardeur naturelle dans le caractère, qui fait souvent leur prospérité industrielle, mais qui porte ordinairement à se fier un peu trop sur l'avenir. A ces hommes, il faut donc bien démontrer que **L'Équitable** peut leur être avantageuse, à eux autant et plus peut-être qu'à tous autres. Il est facile de leur prouver d'abord que, sans être aussi considérables que les bénéfices d'une industrie hasardeuse, ceux de **L'Équitable** égalent au moins les avantages que procurent les opérations raisonnables et sûres ; que, d'ailleurs, il ne s'agit pas, quand on fait une assurance, d'engager des sommes considérables, mais seulement une parcelle de son avoir, et que, par conséquent, ils peuvent facilement réunir et les bénéfices de leur industrie, et les avantages de leur assurance.

Il faut bien leur faire comprendre que si les associations commerciales sont hasardeuses, l'assurance est un abri contre les désastres que leurs affaires, si sûres qu'elles soient, peuvent souvent amener; et que, dans la position où ils se trouveraient alors, ils n'en auraient pas moins des enfants à établir, des garçons à racheter du service militaire, ou à les livrer pendant sept ans au moins à un état qui romprait leur avenir.

Les artisans aisés manquent souvent d'esprit d'ordre et d'économie ; ils comprennent parfaitement l'utilité des assurances, mais ils ne peuvent prendre sur eux de faire les épargnes nécessaires pour s'y associer; c'est donc de ce côté que doivent tourner les efforts du Fonctionnaire, et il devra leur faire comprendre qu'on leur offre les moyens d'échapper à toutes les vicissitudes qui souvent viennent les assaillir dans leur vieillesse ; car, au moyen de bien faibles économies, ils peuvent se constituer des revenus importants, à telle ou telle époque de leur existence.

Les personnes riches doivent aussi trouver, dans l'institution, un moyen de diminuer les charges qu'elles ont, et de conjurer les conséquences de la loi des successions, en rendant la part de chacun de leurs enfants ce qu'elle serait pour un enfant unique. Il est encore une autre condition à faire valoir auprès d'elles : les familles riches ont, à cause de la position qu'elles occupent, de nombreux bienfaits à répandre ; on leur démontrera qu'en le faisant par l'intermédiaire de **L'Équitable**, elles les multiplieront, sans pour cela s'imposer de plus grands sacrifices.

Mais pour se préparer à faire des offres de services en connaissance de cause, il est presque indispensable de posséder, à l'égard du renouvellement de la population, les renseignements officieux que peuvent donner les employés de l'état-civil, qui sont chargés de l'enregistrement des actes de naissances. Instruit de l'augmentation que vient d'éprouver une famille, il sera facile de proposer aux parents d'assurer le nouveau-né, avant l'expiration du premier mois, en leur faisant apprécier les avantages auxquels ont droit les enfants en ce bas âge.

Quand on se présentera chez un chef de famille, auquel on voudra exposer les résultats qu'on peut obtenir dans l'institution, on devra connaître, au moins sommairement, le nombre de ses enfants, ou des parents assurables, la position de la famille, et toutes les circonstances qui peuvent donner à cette démarche la portée qu'elle doit avoir. Lorsqu'une souscription est obtenue, il ne faut jamais oublier de demander au client des lettres de recommandation pour ses amis.

Les campagnes offriront surtout une perspective de bénéfices que les villes ne donneront qu'avec plus d'efforts. Comme, en général, elles ont été peu explorées, on ne rencontrera pas chez les habitants qui ignorent l'existence et la chute des compagnies illégales, ces préjugés et ces obstacles qu'on trouve dans les villes, où de maladroites tentatives ont compromis le principe des assurances. Une exposition simple et franche des avantages que présente la mutualité, captivera l'attention des villageois, et, lorsque dans une localité on aura recueilli quelques souscriptions, on aura toutes les chances de faire une abondante récolte dans les villages environnants.

C'est surtout à l'époque des marchés, qu'on pourra recueillir les fruits de cette propagande; mais comme le rapport des productions agricoles, que les villageois y réalisent, passe le plus souvent entre les mains d'un notaire, qui fait sa spécialité du soin de leurs intérêts, c'est lui, ou l'un de ses principaux clercs, que les campagnards consultent sur le meilleur emploi de leurs fonds ; il est donc à souhaiter que l'un d'eux se trouve parmi les relations de la Direction.

En expliquant aux préfets ou aux sous-préfets des localités la portée bienfaisante de l'institution ; en leur faisant connaître qu'elle se produit sous le patronage d'une ordonnance royale, on obtiendra facilement des recommandations pour les maires des communes qu'on aura l'intention de parcourir : et par eux, et par leurs conseils municipaux, dont on provoquera la réunion pour leur exposer la nature des opérations de **L'Equitable**, on atteindra le but qu'on se propose.

Si, contre toutes prévisions, ces recommandations étaient refusées, on pourrait attirer l'attention des maires et des conseillers municipaux, par une mesure dont les bons effets se sont déjà fait sentir dans quelques départements. On ferait légaliser par le maire, le préfet ou le sous-préfet, la signature que le Directeur apposerait sur la commission qu'il délivre à ses agents. Cette formalité donnerait aux actes un caractère de haute protection qui commanderait la confiance.

II. — INITIATION DES INDIVIDUS.

Quelle est la marche à suivre vis-à-vis de chaque individu, par l'agent qui lui propose de souscrire une assurance?

Le Fonctionnaire, vis-à-vis de chaque individu, recherche la nécessité particulière qui le préoccupe. Pour bien connaître la situation à laquelle il veut appliquer l'assurance, il doit chercher, avant tout, à provoquer les explications de son interlocuteur. Ce n'est qu'après l'avoir bien écouté, qu'il est temps de lui donner, à son tour, les éclaircissements qui deviennent des conseils.

En donnant ces explications préparatoires sur la pratique des assurances, il discernera bien l'impression qu'elles produisent. Le client peut mettre en doute l'efficacité de l'assurance mutuelle, parce qu'il n'en a point compris le mécanisme général, et, dès lors, il ne s'agit que de compléter son éducation sous ce point de vue, par les enseignements dont il a été parlé. Mais il arrivera, peut-être plus souvent que les gens troublés par le caractère de leur situation privée, s'imagineront que l'assurance, quoique bonne à d'autres usages, ne peut leur être utile dans la position particulière où ils se trouvent. Les charges et les obligations sociales qui concernent le client lui-même, ou quelqu'un de ses proches, lui sembleraient alors être des exceptions à la règle générale; il pencherait à croire que le capital qu'il désire est impossible à obtenir d'une manière avantageuse et certaine par les procédés de **L'Equitable**. Or, en pareille matière, les doutes et les hésitations résultent quelquefois d'une gêne d'intérieur, sur laquelle on n'aime pas à s'expliquer. Un chef de famille, par exemple, possède des valeurs qui ne sont pas disponibles à l'instant même, et leur réalisation est subordonnée à certains arrangements dont il répugne de faire l'aveu. Sans attendre une déclaration souvent pénible, le Fonctionnaire peut lever ces objections avant qu'elles ne soient formulées. Plutôt répondre à l'avance qu'après coup, tel doit être son système. Il en retirera immédiatement un double avantage. D'abord, il épargnera au client la mortification d'avoir été réfuté dans une controverse, et d'avoir reçu, pour ainsi dire, une leçon; ensuite, par cela seul que l'on aura mis le doigt, du premier coup, sur la plaie cachée, le client comprendra qu'une pensée de prévoyance universelle a dominé la constitution de **L'Equitable**, et que la Direction a dû se faire une science fixe des évènements fortuits qui peuvent préoccuper telles et telles catégories d'individus.

On sait quelle est l'influence des femmes dans les ménages; il faut donc que les Fonctionnaires tournent vers elles leurs efforts; il sera toujours facile d'en appeler à l'amour maternel, et de leur faire entrevoir combien l'association sur la vie peut leur offrir de sécurité pour leurs enfants.

I. — Objections.

Le *Moyen de s'enrichir*, *conversation chez un maire de village*, répond à toutes les objections que peut soulever la question des associations sur la vie. La brochure de l'*Organisation de l'Epargne*, signale nettement tous les avantages que l'on peut en retirer ; nous renverrons donc les Fonctionnaires à ces deux ouvrages, qui leur fourniront d'utiles documents.

Quels sont les moyens de démonstration qu'il faut adopter de préférence?

Entre tous les moyens de démonstration, la preuve des faits est toujours la meilleure, le raisonnement n'a qu'une valeur de second ordre, et l'expression des sentiments personnels, qui prend la forme du panégyrique, n'a droit qu'à la dernière place. En conséquence, les Fonctionnaires feront sagement d'insister avant toute autre chose, sur les résultats que l'institution peut déjà avoir obtenus, soit dans la localité, soit dans un pays voisin, soit encore par les Établissements particuliers dont le siége est à Paris.

A cet égard, ils puiseront des documents précieux dans les diverses publications de **l'Équitable**, et notamment dans le *Moyen de s'enrichir*, *conversation chez un maire de village*. Les résultats présentés dans ce petit ouvrage seront, sans nul doute, la preuve la plus évidente des bénéfices que l'on peut obtenir par l'*Epargne collective*.

C'est en répandant cette petite brochure, que les Fonctionnaires populariseront dans leur localité les assurances mutuelles sur la vie. Cette publication, importante en ce sens qu'elle pourra répandre le principe et l'usage des assurances dans les campagnes, où il n'a point encore pénétré, devra être appuyée par la production de la liste des Souscripteurs; et ceux d'entre nos mandataires qui sauront tirer un habile parti de cette liste, verront très-certainement leur clientèle s'accroître avec rapidité, car ils auront le moyen de réfuter une des plus perfides insinuations répandues par les agents de certaines compagnies rivales, et qui consiste à dire que L'Équitable, étant un Établissement nouveau, ne peut présenter les mêmes avantages que des Établissements qui ont réuni des milliers de souscriptions, et qui existent depuis plusieurs années.

III. — Publication de L'Équitable.

Quelles sont les publications de L'Équitable?

Les publications de L'Équitable sont de deux natures; les unes s'adressent aux classes moyennes, les autres aux classes élevée. Les Fonctionnaires de L'Équitable devront donc apporter un grand soin dans la distribution de nos brochures. Lorsqu'ils visiteront des familles appartenant à la classe ouvrière ou à la classe moyenne, ils auront soin de joindre à l'envoi du prospectus (qui doit toujours être accompagné d'une lettre), un exemplaire du *Moyen de s'enrichir.* Cet ouvrage, plus à la portée de ceux dont l'éducation est médiocre, explique d'une manière simple et vraie l'assurance sur la vie, et les résultats qu'elle peut produire.

Si, au contraire, les mandataires s'adressent à des gens instruits, ils devront faire usage de la brochure de l'*Organisation de l'Epargne en France.* Cette publication, où la question de l'*Epargne collective* est traitée à un point de vue plus élevé, est de nature à attirer l'attention des gens sérieux qui s'occupent des intérêts matériels du pays, auxquels se lie d'une manière si étroite l'institution des assurances.

Il faut que nos Fonctionnaires se pénètrent bien de l'importance que nous attachons à prendre le langage des classes auxquelles nous nous adressons. Le succès est tout entier dans le plus ou moins d'habileté de celui qui expose le principe que nous propageons. Il ne saurait donc trop se pénétrer de l'esprit des instructions de **L'Equitable**.

Quelles sont les considérations à faire valoir à l'appui des garanties que présente L'Equitable?

Pour bien faire juger l'*Assurance mutuelle sur la vie*, au point de vue des gages de sécurité qu'elle donne au public, il faut principalement mettre en lumière que l'Etat est le caissier de ces institutions nouvelles, en sorte que les fonds que l'on y dépose, ne sont jamais soumis à d'autres chances qu'à celles de la réversion des héritages entre les sociétaires; et que le capital de la masse, sous la sauve-garde du Gouvernement, ne pourrait recevoir d'échec que par le contre-coup d'une grande catastrophe nationale, qui déracinerait les bases mêmes de la propriété. Le salut des capitaux versés dans les assurances repose donc sur la tête du royaume; et, tandis que l'insécurité trouble les relations privées, ils rencontrent dans l'Etat un crédit immense qui semble s'être encore consolidé par l'affaiblissement de tous les autres crédits.

III. — Garanties de L'Equitable.

Quelles sont les garanties fondamentales offertes au public par L'Equitable?

Les titres de **L'Equitable** à la confiance du public consistent dans l'approbation des statuts par l'ordonnance royale du 29 juillet 1841, insérée au *Bulletin des Lois*, n° 558, partie supplémentaire; dans l'ordonnance du 12 juin 1842, n° 922, qui crée la Commission royale de surveillance, présidée par un membre du conseil d'État; dans le Conseil de surveillance; dans la conversion presque immédiate des mises en rente sur l'Etat, au nom des sociétés; dans l'intervention que le Ministère des finances exerce sur les répartitions, et dans le cautionnement progressif de 25,000 fr. de rentes en 5 pour 100, c'est-à-dire de près de 700,000 fr.

Il importe de présenter sous son véritable point de vue le rôle de la Commission de surveillance, instituée par l'ordonnance du 12 juin.

Le Gouvernement a pensé avec juste raison « que des associations du genre des nôtres, qui sortent évidemment de la « classe commune des transactions entre citoyens, soit que « l'on considère la foule des personnes de tout état, de tout sexe « et de tout âge qui y prennent ou qui peuvent y prendre des « intérêts, soit que l'on considère la nature de ces Établissements, qui ne procure aux associés aucun moyen efficace « ni réel de surveillance; soit enfin que l'on considère leur « durée, toujours inconnue, et qui peut se prolonger pendant « plus d'un siècle; que ces associations, disons-nous, doivent « nécessairement être soumises à une surveillance spéciale, « afin que les intérêts des Souscripteurs ne puissent se trouver « compromis *ni par l'avidité, ni par la négligence, ni par « l'ignorance des Directeurs.* »

La Commission royale remplit auprès de nos Établissements le rôle que remplissent les inspecteurs généraux des finances auprès des receveurs. Elle vérifie, jour par jour, l'état des caisses, les livres, la comptabilité, les contrats; elle veille à l'exécution rigoureuse des statuts; en un mot, elle se fait rendre compte de tout ce qui se passe dans chaque Établissement, afin d'en faire son rapport au Ministre, qui se trouve constamment en position de prendre les mesures que peuvent dicter les circonstances.

Cette surveillance officielle doit être le moyen le plus sûr d'amener les familles à contracter une assurance; car le point difficile n'est pas de convaincre celui auquel on s'adresse des avantages qu'il peut retirer de l'*Epargne collective.* Il comprend que de la mise en commun des épargnes avec condition de réversion, il doit résulter nécessairement un bénéfice qui l'aidera à pourvoir aux obligations et aux charges qu'impose la famille.

Mais ce dont il doute, c'est que ses intérêts soient loyalement gérés, c'est que les sommes qu'on lui demande ne puissent jamais être compromises, et qu'elles ne lui fassent pas défaut au jour de la répartition. Cette sécurité acquise, il n'hésitera plus; il importe donc de la lui donner. Et c'est par l'ensemble des garanties matérielles et morales, qui se trouvent réunies à un si haut degré dans nos institutions, que nous parviendrons à lever toutes ses craintes, et à lui inspirer une confiance sans laquelle nous ne pouvons rien sur son esprit.

En exposant avec tact et habileté la mission de la Commission créée par le Gouvernement pour la surveillance de nos Etablissements, nous donnerons à nos institutions ce crédit des caisses d'épargnes simples, qui ont, comme nous, l'Etat pour caissier, et qui sont loin toutefois de présenter les mêmes avantages, quoiqu'elles offrent la même sécurité.

IV. — Résultats.

De quelle manière doit-on présenter les résultats probables des associations sur la vie, et quelle réponse doit-on faire au Souscripteur qui veut connaître le produit d'une somme donnée à un instant donné?

S'il était possible de connaître à l'avance, d'une manière certaine, la marche que la mortalité suivra parmi les déposants, jusqu'au jour de la répartition, alors rien ne serait plus facile que de déterminer la valeur des mises, au fur et à mesure de leur entrée dans l'association; valeur qui doit se composer : 1° du capital versé; 2° des intérêts qu'il aura produits;

3° d'une plus-value proportionnée aux décès qui surviendront jusqu'à la liquidation de la série.

C'est cette plus-value qu'il est impossible de fixer par avance, sans s'exposer à être démenti plus tard par les évènements; car les calculs de la statistique peuvent bien indiquer des probabilités, mais jamais des certitudes.

Le mandat que les administrateurs des associations sur la vie ont reçu leur faisait une loi de ne sacrifier, sous aucun prétexte, ni les intérêts des assurés anciens, ni ceux des assurés nouveaux. Pour éviter ce péril, il suffit de suivre un conseil suggéré par le bon sens : — c'est d'attendre la mortalité, au lieu de la prédire.

En conséquence, **L'Équitable** ne détermine la valeur des mises qu'au jour de la répartition. Elle établit alors, en connaissance de cause, le décompte des chances courues, aussi bien que le calcul des intérêts produits par chaque versement. Ainsi, la part à faire à un versement dans les réversions sera fixée en raison : de l'époque où l'association l'aura reçu; des décès qui auront eu lieu dans la masse.

La Direction n'opère donc plus sur des fictions, comme on l'avait fait jusqu'à ce jour, mais sur des faits accomplis et constatés, et la répartition de l'inventaire social devient une simple affaire d'arithmétique.

Quant à la question : — Si je mets tant, qu'aurai-je à la répartition? ou, pour avoir tant, que dois-je verser? — il est clair maintenant qu'on ne peut y répondre en fixant tel ou tel chiffre d'une manière positive. Le parti le plus sage, c'est d'interroger les résultats que les associations sur la vie ont produits jusqu'à ce jour.

La *Caisse de Survivance et d'Accroissement* a commencé ses opérations en vertu d'une ordonnance du Roi de 1820. Sept ans après, la maison gérante ne pouvant obtenir du Gouvernement certaines modifications dans ses statuts, prit la résolution de se retirer. Une seconde ordonnance royale prononça la liquidation, dont le mode fut réglé par l'assemblée générale des

Souscripteurs, et approuvé par le Ministère. Les bénéfices, pour ce laps de sept années, et sans compter les dividendes annuellement payés, se sont élevés jusqu'à 300 pour 100.

Dernièrement encore, des assurés de *L'Équitable anglaise* ont reçu 59,600 fr. pour une mise primitive de 10,000 fr. environ.

Les répartitions de la banque Daru, dont le public peut vérifier les états déposés au Ministère du commerce, ont donné jusqu'à sept fois la mise en dix ans. Voici des faits que nous avons puisés dans ces documents authentiques.

ASSOCIATION DE DIX ANS.

Ouverte en 1828 ; répartition en 1838.

M. Heimbourger (Jean), à Colmar, a versé en 1828, 200 fr. ; il a touché en 1838. . . . . 1,134f 64
M. Meyer (François), à Colmar, a versé 100 fr. ; il a reçu. . . 590 32
M. Usprung (Jean) a versé 100 fr. ; il a touché. 590 32

ASSOCIATION DE DIX ANS.

Ouverte en 1831 ; répartition en 1841.

M. Chuffart, ex-sous-intendant militaire, Marché Saint-Honoré, 27, à Paris, a versé 100 fr. ; il a reçu en 1842. . 713 03

ASSOCIATION DE CINQ ANS.

Ouverte en 1823 ; répartition en 1828.

Madame Genard, née Durieux, rue Saint-Louis, à Versailles, a souscrit pour 300 fr. ; elle a touché. 794 56
M. Pradel de Saint-Charles, intendant militaire en retraite, faubourg Saint-Denis, 109, à Paris, a souscrit pour 100 fr. ; il a reçu. 264 25
Mademoiselle Legrand (Victorine), à Mony (Oise), a versé 1,000 fr. ; elle a touché. 2,244 14

ASSOCIATION DE CINQ ANS.

Ouverte en 1831 ; répartition en 1835.

Mademoiselle Girard (Berthe), faubourg Saint-Antoine, 127, à Paris, a souscrit pour 200 fr. ; elle a reçu. 1,448 24

ASSOCIATION DE CINQ ANS.

Ouverte en 1834 ; répartition en 1839.

M. Berthera, avocat, secrétaire de la Chambre du Commerce, à Paris, rue de Ménars, a souscrit sur la tête de son fils (Pierre-Édouard) pour 2,600 fr.; il a reçu. 6,808 10

Mademoiselle Sauzé (Juliana), à la Mothe-Saint-Hérayé (Deux-Sèvres), a versé 600 fr.; elle a reçu. 1,571 10

ASSOCIATION DE CINQ ANS.

Ouverte en 1835 ; répartition en 1840.

M. Ruellæ (Jean), rue du Rocher, 12, à Paris, a souscrit pour 200 fr.; il a touché. 485

ASSOCIATION DE CINQ ANS.

Ouverte en 1836 ; répartition en 1841.

M. Genoc (André), rue de Vanves, 21, à Montrouge, a versé 1,500 fr.; il a reçu. 2,897 55

M. Ruellæ (Jean), rue du Rocher, à Paris, a versé 200 fr.; il a reçu. 416 24

ASSOCIATION DE CINQ ANS.

Ouverte en 1837 ; répartition en 1842.

Mademoiselle Maugez (Marie-Angélique), rue Descartes, 44, a souscrit pour 500 fr.; elle a touché. 1,017 90

M. Soymié (Pierre-Joseph), vicaire à Sarzeau (Morbihan), a versé 1,000 fr.; il a reçu. 2,512 40

M. Soymié (Joseph-Louis), aumônier à Vannes, a souscrit pour 1,000 fr.; il a touché. 2,035 80

En présence de ces résultats, les prévisions tirées du calcul des probabilités doivent être accueillies avec une extrême réserve. Le calcul des probabilités, en matières d'associations sur la vie, n'est pas une science exacte, il s'en faut de beaucoup; car l'institution en est encore trop nouvelle et trop peu répandue pour qu'il ait été possible aux mathématiciens de réunir les éléments complets d'une statistique de la classe associable.

Ce qu'il y a de certain pour tout déposant, c'est qu'en arrivant à la répartition, il recevra beaucoup plus que par aucun autre genre de placement. D'abord, l'intérêt progressif à lui seul double une somme en quatorze ans et quelques mois, si l'on prend l'intérêt à 5 pour cent, la quadruple en moins de vingt-neuf ans, et la rend cent trente et une fois plus grande au bout d'un siècle. Voilà l'accroissement sur lequel on peut compter en premier lieu.

Ensuite, quoique nul ne sache de science certaine combien il mourra de déposants en dix ans, néanmoins, il n'y a pas d'exemple que, sur une masse de personnes de tout âge, il n'en soit mort une portion considérable dans l'espace de dix années. Les survivants peuvent donc compter en second lieu sur une part dans l'héritage des morts. Et si l'on songe que les mises des décédés, dont les survivants hériteront, se seront augmentées aussi rapidement que les leurs propres par le cumul des intérêts, on conclura que le moins favorisé des survivants aura fait un placement plus avantageux qu'il n'eût pu l'obtenir en prêtant ses fonds sur hypothèque, ou qu'il n'eût pu raisonnablement l'espérer en les exposant dans une spéculation industrielle.

Si, malgré ces observations, quelques Souscripteurs voulaient qu'on leur fixât approximativement le produit d'une somme quelconque, ou, ce qui revient au même, ce qu'il faudrait verser pour obtenir un capital donné à une époque donnée, les Fonctionnaires devraient avoir recours au petit ouvrage publié par M. Moniau, professeur de mathématiques. Le mécanisme des calculs qu'il présente est aussi simple qu'ingénieux, et avec ses tableaux, on pourra facilement résoudre les questions qui sont ordinairement posées par les clients.

Toutefois, on ne doit pas laisser ignorer aux Souscripteurs que ces calculs reposent sur des éléments qu'il est difficile de soumettre à une appréciation juste et capable de donner des résultats invariables. En calculant sur les tables de mortalité qui nous sont imposées, nous arrivons à une conclusion toute différente de celle que nous donne l'expérience des faits consommés. Ainsi donc ces résultats ne peuvent être considérés que comme un *minimum*, et non comme un *maximum*, car ils peuvent être démentis par la pratique.

Il faut donc se servir des tarifs de M. Moniau, mais seulement pour donner une solution à celui qui la demandera, et ne jamais oublier de corroborer les réflexions à faire sur les résultats que donnent ces calculs par la citation des faits que nous avons donnés. On fera aussi observer au Souscripteur que ces derniers produits sont infiniment plus probables, surtout pour les contrats à long terme, où *les déchéances et les abandons* viendront apporter une large part de bénéfice à ceux qui auront fidèlement rempli leurs engagements. Ces derniers éléments seront incontestablement plus productifs que la mortalité, et c'est ce qu'il faut faire valoir près de ceux qui ne se rendent pas un compte exact des promesses qu'on peut leur faire.

V. — Assemblées locales.

Les Fonctionnaires de **L'Equitable** doivent-ils conserver des rapports suivis avec les Souscripteurs dont ils ont obtenu la souscription?

Une fois l'assurance faite, le soin que le Fonctionnaire doit à l'intérêt de son client, aussi bien qu'à la cause de notre propagation, demandera qu'il renouvelle ses entrevues avec lui, pour l'édifier de plus en plus sur nos combinaisons. **L'Equitable** désire que le personnel de son administration noue des rapports affectueux avec sa clientèle, afin que ses Souscripteurs deviennent, à leur tour, et par conviction propre, les agents officieux de l'assurance mutuelle, et qu'ils contribuent, pour leur profit comme pour le nôtre, à répandre ce principe dont la cause est toujours bonne à plaider.

Le moyen le plus propre à atteindre ce but, est d'assembler, deux fois par an, les Souscripteurs de chaque localité.

Dans ces réunions, les Fonctionnaires feront connaître la situation de l'Etablissement, le chiffre des souscriptions recueillies dans le dernier semestre ; en un mot, la position exacte de nos affaires. — Chaque Souscripteur, étant à même de suivre les progrès de l'institution à laquelle il a lié ses intérêts, deviendra, par ce seul fait, un des propagateurs les plus ardents de **L'Equitable**, et sa conviction sur l'excellence du principe ne tardera pas à nous faire de nombreux prosélytes.

Un des principaux avantages de ces assemblées, sera de conserver entre le Fonctionnaire et le Souscripteur des rapports qui ne tarderont pas à lui valoir une clientèle solide, dont la confiance se manifestera chaque fois que la naissance d'un enfant viendra augmenter sa famille.

Des procès-verbaux, des discours d'ouverture et des comptes-rendus de nos opérations, seront envoyés par la Direction aux Directeurs d'arrondissement, aux époques où ils devront faire ces convocations.

Ces assemblées doivent toujours être présidées par le Président du Comité de patronage formé par le Fonctionnaire.

III. CONCURRENCE.

Quelle conduite doivent tenir les Fonctionnaires de L'Equitable à l'égard des Etablissements rivaux, et que doivent-ils répondre aux attaques dirigées contre elle par leurs agents?

Cette question ouvre un champ fort vaste à des polémiques dont nous déplorons tous les jours les fâcheuses conséquences ; on comprendra sans peine que cet état d'hostilité doit infailliblement compromettre le principe des associations. Le public, dont la foi ne se trouve que déjà trop ébranlée par le triste souvenir des excès auxquels se sont livrés, pendant plusieurs années certains Établissements illicites, finira sûrement par douter de la vertu du principe des assurances, si les agents des Etablissements créés par ordonnance royale travaillent à se discréditer les uns les autres, et, bien plus, à discréditer les Directeurs dont leur concurrent relève.

Quelque nuance qui puisse exister entre eux, tous devraient se concerter pour faire comprendre au public que le Gouvernement, en prenant les rênes de l'assurance, a sauvé cette institution des crises de sa naissance, et qu'il en a définitivement garanti les résultats salutaires au public.

I. — Des différentes formes de Sociétés qui régissent les maisons gérantes des Etablissements d'associations sur la vie.

La simple inspection des ordonnances et des statuts que l'État a donnés pour base aux diverses Compagnies, démontrerait, même à l'esprit le plus superficiel, que toutes présentent les mêmes garanties pécuniaires, et qu'aucune d'elles ne peut, sans être taxée de mauvaise foi, annoncer que sa forme offre au public des garanties supérieures à celles des autres.

Une Compagnie, la *Banque Philanthropique*, de désastreuse mémoire, ressuscitée sous le nom de *La Concorde*, a violemment attaqué les Etablissements rivaux. Constituée sur les mêmes bases que *L'Équitable*, son aînée, dont elle a copié les statuts, elle a voulu établir que le Gouvernement lui avait octroyé, par ordonnance royale, une supériorité que les hommes qui la dirigent seraient, dans tous les cas, bien loin de justifier par leur intelligence et leur habileté. Ce mensonge gratuit puisait sa source dans la formation d'une Société anonyme, pour la gestion de l'Etablissement connu anciennement sous le nom de *Banque Philanthropique*, et aujourd'hui sous celui de *Concorde*.

Afin de mettre nos Fonctionnaires en état de repousser cette concurrence maladroite, nous allons discuter *la valeur* des formes de Sociétés en noms collectifs, en commandite ou anonymes, établies pour l'administration des Etablissements d'associations sur la vie, avec lesquels, du reste, *elles s'identifient mais ne s'incorporent pas.*

Les administrateurs de *La Concorde* ont prétendu que leur Établissement sur les chances de la vie offrait à la classe associable une sécurité qu'elle ne saurait trouver dans les Établissements revêtus d'autorisations qu'ils qualifient d'individuelles. Ils se fondent sur les avantages que, suivant eux, les directions des Sociétés anonymes possèdent sur les directions constituées en nom individuel ou collectif, ou sous la forme commanditaire.

Au préalable, pour éclairer la question, nous devons exposer ce que c'est que l'autorisation royale en matière d'association sur la vie.

Le Gouvernement accorde une concession, soit à un seul ou plusieurs individus, soit à une Société anonyme. Mais, quel que soit le concessionnaire, l'ordonnance exige toujours qu'il présente aux associables les mêmes garanties, comme nous allons l'établir tout-à-l'heure.

Il y a, dans la constitution des opérations sur les chances de vie, deux choses distinctes :

1° L'Établissement, qui se compose d'une ou de plusieurs associations d'individus dont les capitaux, mis en commun, demeurent la propriété collective et incommutable de leurs membres, et dont les intérêts sont régis par les statuts ordonnancés ;

2° La Maison gérante, investie de la prérogative de gérer et d'administrer les associations que l'Établissement renferme, et cela moyennant un droit de commission qui s'élève à 5 p. 100. Ce droit de 5 p. 100 forme l'indemnité des obligations et des charges que la Maison gérante s'impose. Il peut être la propriété d'un seul individu, comme il peut être celle de plusieurs co-associés ; il peut appartenir à une Société commanditaire ou à une Société anonyme.

Voici de quelle manière les choses se sont passées, lorsque le Gouvernement a créé les Établissements actuels.

Le Roi, son conseil d'État entendu, a donné sa sanction à des projets de statuts débattus entre le Ministère et différents directeurs. Le Gouvernement s'est fait une règle de maintenir une parfaite unité dans la rédaction des divers actes statutaires. Ensuite, les directeurs, mis en possession de leurs ordonnances, ont cru devoir s'adjoindre des intéressés à différents titres, pour subvenir aux dépenses que nécessitait l'entreprise. Les avantages accordés aux bailleurs de fonds sont prélevés sur les bénéfices du droit de commission à 5 p. 100, soustraction faite auparavant des frais d'administration, de gestion et de liquidation des Sociétés.

Les ordonnances royales ont approuvé des statuts littéralement identiques, à l'interversion près des articles ; ces statuts ont été, pendant trois ans, médités, élaborés, discutés avec le plus grand soin, par le conseil d'État, qui a jugé utile de ne faire de toutes les dispositions qu'un seul corps de doctrines, qu'un seul système applicable à tous les Établissements.

Le conseil d'État, dans sa haute sollicitude pour les intérêts publics, s'est fait un devoir d'introduire, dans les statuts soumis à son examen, les garanties les plus sérieuses et les plus positives. Le Directeur est soumis à un cautionnement dont le minimum est de 5,000 fr. de rentes, et qui s'élèvera successivement jusqu'à 25,000 fr. de rentes, dans la proportion de l'accroissement que recevront les affaires. Il administre, sous le contrôle d'un conseil de surveillance nommé par les Souscripteurs, qui se réunissent tous les ans eux-mêmes en assemblée générale, pour procéder aux nominations et prendre connaissance de la situation de l'Établissement. L'assemblée générale peut révoquer le Directeur en cas de non-exécution des statuts.

Peut-on dire avec bonne foi que des institutions constituées sur de pareilles bases n'offrent pas de garanties suffisantes? Ne voit-on pas au contraire que si les Établissements régis par des Sociétés anonymes présentent toute sécurité, les établissements gérés en d'autres formes ont un caractère absolument semblable?

Quelles sont, en effet, les garanties que présente une Société anonyme?

La première, et peut-être la plus importante, est celle qui résulte de la discussion des statuts par le conseil d'État, discussion qui ne permet pas de supposer que ces statuts contiennent des dispositions frauduleuses et léonines.

Les statuts imposés à des Établissements qui sont administrés par des directions individuelles, collectives ou commanditaires, ont subi la même épreuve; il y a plus, l'on peut dire qu'ils ont été rédigés par le conseil d'État lui-même.

Les Sociétés anonymes marchent quelquefois sans cautionnement, comme la *Compagnie royale;* elles n'offrent d'autre garantie que celle d'un fonds social qui peut être absorbé par une administration vicieuse, sans qu'il reste aux assurés le moindre recours contre personne.

Dans les Sociétés en commandite, en nom individuel ou collectif, un cautionnement dépendant de la gestion est exigé et versé avant la mise à exécution. Le chiffre en est fixé par le conseil d'État.

Le Directeur d'un Établissement géré par une Société en commandite est révocable aussi bien que le Directeur d'un Établissement géré par une Société anonyme. L'un et l'autre administrent avec l'assistance d'un conseil; l'un et l'autre ont des assemblées générales de Souscripteurs, auxquelles ils rendent leurs comptes; l'un et l'autre déposent, tout les six mois, leurs états de situation au greffe du tribunal de commerce, à la préfecture de la Seine et au Ministère du commerce.

En outre, une ordonnance royale du 12 juin 1842 a créé une commission spéciale de surveillance dont la mission est de contrôler, jour par jour, les actes de chaque Établissement, qu'il soit géré par une Société anonyme ou autre, et dont le pouvoir va jusqu'à suspendre les opérations qui ne paraîtraient pas régulières.

Où se trouve donc la supériorité des garanties que prétend offrir *La Concorde* ?

Elle n'est point dans son cautionnement, puisqu'il est primitivement le même dans l'origine que celui des Établissements qui lui font concurrence, avec cette différence néanmoins que le cautionnement des Sociétés commanditaires est progressif, et que celui de *La Concorde* NE L'EST PAS.

Voici l'art. 44 des statuts de *La Concorde* :

« L'Administration CONFIÉE à *La Concorde* est garantie par « un cautionnement de 5,000 fr. de rentes 3 pour 100, dont « le titre est déposé à la Caisse des dépôts et consignations. « Le cautionnement est affecté, indépendamment du recours « qui s'exercera, s'il y a lieu, sur le surplus du capital social « (*lorsqu'il aura été versé, bien entendu, car, jusqu'à ce jour,* « *on n'en a réalisé que les deux dixièmes*), à la garantie de « tous les engagements contractés par *La Concorde*, et spé- « cialement à la liquidation des frais d'administration et de « liquidation de toutes les sociétés formées pendant la ges- « tion. »

Voici maintenant l'art. 39 des statuts des Sociétés en commandite :

« L'administration du Directeur est garantie, outre sa res- « ponsabilité personnelle, par un cautionnement de 5,000 fr. « de rentes 3 pour 100, dont l'inscription est déposée à la « Caisse des dépôts et consignations. Le cautionnement sera « porté à 6,000 de rentes, si la totalité des encaissements ef- « fectués dans le courant d'une année dépasse 1,000,000 ; à « 7,000 fr. de rentes, si elle dépasse 1,200,000 fr., et ainsi « de suite en augmentant de 1,000 fr. de rentes par chaque « augmentation de 200,000 fr. dans la totalité des encaisse- « ments annuels, jusqu'à un maximum de 25,000 de rentes « 3 pour 100, après lequel le cautionnement ne sera plus pas- « sible d'aucune augmentation. Les diminutions qui pourront « survenir dans le chiffre des encaissements annuels ne donne- « ront lieu à aucune réduction proportionnelle du cautionne-

« ment. Le cautionnement est affecté, indépendamment du re-
« cours qui s'exerce, s'il y a lieu, sur les autres biens du
« Directeur, à la garantie de tous les engagements contractés
« par lui en cette qualité, et spécialement à celle des frais
« d'administration et de liquidation de toutes les Sociétés,
« quel qu'en soit le terme, formées pendant sa gestion. En cas
« de retraite ou de décès du Directeur, s'il est remplacé par
« un successeur présenté par lui ou ses héritiers, le même
« cautionnement servira à la garantie, tant de sa gestion que
« de celle de son successeur. »

La supériorité que l'on attribue à la forme anonyme consisterait-elle dans la présence d'un conseil administrant avec le Directeur ? — C'est, en effet, sur ce dernier point que les publications de *La Concorde* insistent le plus ; elles vont même jusqu'à soutenir que l'administration des Établissements gérés par des Sociétés non anonymes est laissée aux mains d'un seul, et que sa retraite ou sa mort compromettrait les intérêts des Souscripteurs et mettrait fin aux opérations de l'Établissement.

Ces deux assertions sont tout-à-fait le contraire de la vérité. Nous avons déjà fait voir que le Directeur d'un établissement géré par une Société en commandite n'est pas isolé dans son administration, puisqu'il lui est adjoint un conseil de surveillance remplissant en tous points les mêmes fonctions que celui qui, dans l'espèce, surveille l'administration des Compagnies anonymes.

Pour s'en convaincre, il suffit de lire les articles relatifs aux attributions du conseil de surveillance : ils sont identiques dans tous les Établissements. En voici le texte :

Concorde.

« Le comité de surveillance est chargé de veiller à l'exécu-
« tion des présents statuts dans toutes leurs dispositions, et no-
« tamment en ce qui est relatif à la formation des sociétés à l'em-
« ploi de leurs fonds et à leur liquidation. Il détermine l'espèce

« de rentes à l'achat desquelles doivent être employés les fonds « des diverses associations, à moins que cette destination n'ait « été faite par contrat.

« La délibération du comité de surveillance ayant pour ob- « jet d'établir la liquidation finale de chaque société, est prise « avec le concours des cinq plus forts sociétaires ayant jus- « tifié de leurs droits. »

Autres Etablissements.

« Le conseil surveille dans toutes leurs parties l'exécution des « statuts et la gestion des Directeurs. Il détermine en quelle « nature de rente doit être fait l'emploi des fonds appartenant « aux diverses sociétés, si cette détermination n'a pas été faite « par les Souscripteurs.

« La délibération du conseil de surveillance qui a pour ob- « jet d'établir la liquidation de chaque société, et l'état de ré- « partition de ses fonds, est prise avec le concours des cinq « plus forts sociétaires ayant justifié de leurs droits. »

Ainsi, dans tous les Etablissements aussi bien que dans *La Concorde*, le conseil de surveillance constate la formation des sociétés. De plus, un membre de ce conseil est dépositaire de l'une des clefs de la caisse, et les arrérages de rentes ne peuvent être perçus qu'avec le visa du Président. Enfin, la répartition ne peut avoir lieu qu'avec l'intervention du conseil de surveillance, qui est donc un véritable conseil d'administration, choisi parmi les plus forts Souscripteurs. N'offre-t-il pas une garantie bien plus rassurante que ne la donnerait un simple conseil d'actionnaires administrant la chose d'autrui ?

Il n'est pas plus exact de dire que la retraite du Directeur compromet les intérêts de l'Etablissement. Les statuts ont encore prévu le cas de retraite ou de décès. Dans ces deux cas, l'assemblée générale des Souscripteurs nomme le Directeur nouveau. Du reste, le cautionnement de l'ancien Directeur demeure affecté à la garantie de la gestion jusqu'à ce qu'un nouveau cautionnement ait été fourni.

Nous devons signaler encore une confusion où plusieurs personnes sont tombées, et qui prend sa source dans le défaut trop général de notions exactes et claires sur la constitution des associations sur la vie. « Ces Etablissements portent, dit-« on, des noms symboliques, exprimant leur but, lors même « qu'ils sont administrés par des Sociétés en commandite. Or, « toute commandite doit être constituée sous la raison sociale « du nom de son gérant. N'y a-t-il pas là irrégularité ?

On va comprendre qu'il n'y a là rien de contradictoire ou d'irrégulier. Sans doute, l'Etablissement porte un nom symbolique, car ce nom lui a été donné par l'ordonnance royale elle-même; mais la maison commanditaire par laquelle cet Etablissement est administré, porte, comme la loi l'exige, le nom de son gérant dans sa raison sociale. L'Etablissement et la Direction sont distincts : les noms appartenant à l'une et à l'autre, sont distincts aussi.

On le voit donc d'une manière évidente, les publications des agents de *La Concorde*, et les articles des journaux prévenus, ont dénaturé complètement l'esprit des dispositions statutaires qui régissent les Etablissements d'associations sur la vie, en cherchant à monopoliser, au profit d'une seule des Administrations, les titres à la confiance qui leur sont communs à toutes.

Ajoutons, toutefois, qu'en dehors des dispositions statutaires, il existe réellement des différences dans la position que les diverses formes de Sociétés peuvent faire aux Souscripteurs, et que ces différences sont loin d'être en faveur des Etablissements gérés par des Sociétés anonymes.

Le cautionnement d'une Société comme *La Concorde*, on l'a vu plus haut par ses propres statuts, n'est point susceptible de s'élever au fur et à mesure des affaires, inconvénient d'autant plus grave que les opérations sur la vie s'accroissent aujourd'hui dans une proportion très-rapide, et que le mince cautionnement de cinq mille francs de rentes, versé par la Société anonyme, peut laisser à découvert une partie considérable de sa gestion. C'est un mal sans remède; car, d'un côté, le cautionnement n'est formé que des parts versées par les actionnaires, et ceux-ci ne sont responsables que jusqu'à concurrence du montant des actions qu'ils ont souscrites; lorsque leur solvabilité n'est pas certaine, cette responsabilité n'est sérieuse qu'à l'égard des versements qu'ils ont réellement effectués. D'autre part, comme ces Société ont pour caractère l'anonyme, le directeur lui-même est anonyme, et son Conseil d'administration l'est aussi; ni l'un ni l'autre ne répondent de quoi que ce soit.

Tout au contraire, on a vu que, dans les Établissements gérés par des administrations en commandite, en nom individuel ou collectif, le cautionnement est proportionnel au chiffre des opérations, afin qu'il puisse les couvrir toujours, quelque grand qu'en soit le total. En outre, le propriétaire individuel et le gérant de la Société collective ou commanditaire *ajoutent leur garantie personnelle aux autres gages qu'ils donnent, chacun d'eux étant absolument responsable sur tous ses biens.*

Quant à l'unité et à l'énergie d'action, nous les croyons bien mieux assurées dans une Société propriétaire ou commanditaire, dont les Directeurs, tout en offrant, sous l'égide royale, une sécurité complète, ne sont point entravés dans leurs actes par les lenteurs et les formalités d'un ordre de choses qui nous est toujours apparu comme une petite parodie du gouvernement constitutionnel.

On voit à quoi se réduisent les prétentions de supériorité que l'administration de *La Concorde* fait sonner si haut par toutes les voix de la presse. Certainement, il était permis à cet Établissement de faire l'éloge de sa forme constitutive; et aujourd'hui que les faits sont exposés, tout le monde peut en apprécier la valeur. Mais chercher à spéculer sur le discrédit réel qui a frappé la commandite dans ces derniers temps, et qui est dû, non point au principe en lui-même, mais au vice des combinaisons auxquelles ce principe fut appliqué ; chercher surtout à donner le change aux Souscripteurs en leur faisant croire que le pouvoir du Directeur d'un Établissement administré par une société en commandite peut avoir du danger pour eux, Souscripteurs, lorsqu'il pourrait tout au plus en avoir pour les actionnaires ; confondre sciemment les actionnaires avec les assurés qui n'ont pas confié leurs fonds aux administrations en commandite, qui n'ont pas soumis ces fonds aux risques de leur gestion, mais qui les ont déposés directement entre les mains de l'Etat ; c'est là sortir des bornes d'une concurrence permise, faire un mensonge pour l'exploiter, c'est là scandaleusement se jouer de la bonne foi du public.

II. — Parallèle entre les Compagnies à primes et les Établissements d'associations sur la vie.

Les Compagnies à primes fixes, effrayées avec raison des immenses progrès que font les Établissements d'associations sur la vie, cherchent en ce moment à faire revivre un principe frappé de mort, en publiant partout qu'elles donnent à chaque associé une part *quelconque* dans les bénéfices qu'elles distribuent chaque année à leurs actionnaires. — Cette annonce maladroite découvre la blessure profonde que nous leur avons faite, car elle contient l'aveu de leur infériorité et de la fausseté des bases sur lesquelles elles se sont constituées. — Par cette annonce, elles avouent que leurs actionnaires réalisaient, sur les décès survenus parmi leurs assurés, d'énormes bénéfices, qui, dans nos Établissements, tournent au profit de la masse. — Si ces bénéfices ne sont pas énormes, que signifie cette participation offerte comme un appât ; si, au contraire, ils sont considérables, ainsi que nous allons le prouver, la participation prend une tournure de restitution partielle dont les clients font encore les frais. Pour se rendre compte du système des Compagnies à primes fixes, nous allons entrer dans quelques développements qui ne seront pas sans intérêt.

Le Souscripteur se trouve seul devant les Compagnies à primes fixes, qui lui mettent le marché à la main et posent les conditions de sa souscription de manière à se réserver toutes les chances.

Dans les Établissements mutuels, il fait sa loi, c'est-à-dire qu'il verse ce qu'il veut, comme il veut; car il se trouve en présence d'une Compagnie mandataire qui dépose un cautionnement, se charge des frais et des soins de la gestion, en retour d'un droit de commission fixe, qui ne laisse aucune marge à l'abus, ni aucune participation dans les bénéfices de la mortalité, qui doivent, contrairement à ce qui se passe dans les Compagnies propriétaires, appartenir en totalité aux assurés.

Ainsi, dans un cas, un droit de gestion déterminé et un profit certain, puisque tous les décès bénéficient aux assurés; dans l'autre, certitude de perte, soit que l'assuré meure avant l'époque fixée pour l'échéance de son contrat, soit qu'il vive, et qu'il reçoive de la Compagnie la somme stipulée; car cette somme devant laisser un bénéfice à la Compagnie, est nécessairement inférieure à celle qui est produite par la mortalité ordinaire; et, s'il en était autrement, les Compagnies à primes marcheraient infailliblement à leur ruine. On va le voir.

Pour rester en puissance de payer une somme garantie, il est nécessaire d'établir le taux des versements et de la répartition sur la présomption d'une mortalité lente parmi les assurés en cas de vie, et d'une mortalité rapide en cas de mort; mais comme dans l'ordre normal des choses, l'évènement ne justifie point le système de probabilité qui porte tout à l'extrême, les Compagnies à primes fixes prélèvent ordinairement des bénéfices considérables, et ne corrigent leur estimation arbitraire par aucune indemnité.

Entre la nécessité de se prémunir par des primes énormes contre les caprices de la mortalité, et le danger de faillir à leurs engagements, pour peu qu'elles aient mis les répartitions dans un rapport de précision trop rigoureux avec les primes, elles doivent constituer à l'avance leurs assurés en perte, sous peine de les dépouiller après coup par une suspension de paiements.

Et, en effet, si une Compagnie prenait pour base de ses tarifs la mortalité probable, le moindre écart la ruinerait ; car dès qu'ils reçoivent moins qu'ils n'ont promis de payer, ces Établissements se trouvent en perte ; dès qu'ils reçoivent davantage, ils s'enrichissent aux dépens de l'assuré.

Une autre charge supportée par les Compagnies à primes fixes, contribue encore à les rendre dispendieuses. Elles sont forcées d'avoir un capital de plusieurs millions pour attirer la confiance. Ces millions appartiennent à des actionnaires qui ne les exposent qu'au prix de gros dividendes, dont, en fin de compte, les assurés font tous les frais.

Aussi, loin de laisser le moindre bénéfice ces Compagnies, obligées de forcer leurs tarifs, constituent les assurés en perte.

Et en voici la preuve. — Les trois grands Établissements, la Cie *Royale*, la Cie *Générale* et l'*Union*, prennent dans l'assurance payable en cas de mort, soit une prime unique de 34 francs 79 cent., soit une annuité de 2 fr. 01 cent. au client qui souscrit à l'âge de vingt-un ans, pour que ses ayants-droit reçoivent 100 fr. à son décès.

Or, les chances d'une tête de la classe assurable étant 01873 chances de mort, contre 08127 chances de vie, sa vie moyenne est de quarante-un ans neuf mois, et sa vie probable de quarante-six ans.

Ainsi, sa prime unique, grossie par les intérêts, sera, le jour de sa mort, de 103 fr. 64 c. dans la première supposition, et 119 fr. 79 c. dans la seconde ; ce qui constitue une perte de 19 pour 100, dès qu'il arrive au terme de la vie probable ; et, plus il le dépasse, plus sa perte s'accroît.

Il paie donc plus que ses héritiers ne reçoivent.

Et l'on dirait à tort, *qu'en général*, le Souscripteur a la chance de mourir avant l'époque fixée par les calculs de probabilités ; car il faudrait qu'il mourût longtemps avant le terme probable de l'existence, pour que sa prime ne valût que 100 fr., c'est-à-dire pour qu'il se retirât sans gain ni perte.

D'ailleurs, cette chance, tout au plus exceptionnelle, ne lui reste même pas dans l'assurance en cas de vie, que nous allons examiner.

On assure, dans la *Compagnie Royale*, la *Compagnie Générale* ou l'*Union*, un enfant de cinq ans, pour qu'il reçoive une somme de 100 francs à sa vingt-cinquième année. L'Établissement lui fait verser, soit une annuité de 3 fr. 06 c., soit une prime unique de 41 fr. 03 c. Lorsqu'il compte vingt-cinq ans, les vingt annuités qu'il a payées, avec le cumul des intérêts, représentent une valeur de 101 fr. 39 c., ou bien sa prime unique, également accrue, forme la somme de 108 fr. 75 c.

Il suit de là que, si l'assuré meurt avant la répartition, la Compagnie hérite de tout son capital, et que, s'il vit, la Compagnie lui garantit moins qu'elle n'a reçu; elle a donc en sa faveur toutes les chances de mort.

Du reste, les plus considérables de ces Etablissements propriétaires, reconnaissent eux-mêmes l'injustice de leurs combinaisons. Ils accordent aujourd'hui quelques bénéfices aux assurés à primes fixes; mais ce n'est là que le désaveu de leur principe, et nullement une compensation aux inconvénients qu'il entraîne, laquelle ne pourrait se faire sans démolir de fond en comble le mécanisme des assurances à forfait.

Rien de semblable dans l'assurance mutuelle, où les directeurs ne peuvent jamais prélever autre chose que le droit de commission qui leur est alloué sur les mises. Non-seulement les assurés ont la certitude de recevoir leur capital primitif avec les intérêts composés, mais ils jouissent en outre des extinctions qui, chaque jour, viennent l'accroître.

QUATRIÈME PARTIE.

ADMINISTRATION.

I. Administration intérieure. — II. Administration extérieure.

ADMINISTRATION INTÉRIEURE.

I. — Comptabilité.

L'Administration de *L'Équitable* présente deux grandes divisions : la comptabilité et le personnel.

La comptabilité se divise en deux branches :

1re La comptabilité des associations,

2e La comptabilité de la maison gérante de *L'Équitable*.

La comptabilité des Associations s'occupe des seules opérations d'assurances ; c'est elle qui doit enregistrer les contrats, après les avoir soumis à un contrôle sévère et s'être assurée de leur validité. C'est elle qui délivre les *polices définitives*, qui enregistre les versements, les porte au crédit des divers Souscripteurs, qui fait les mandats sur la province, délivre les quittances des fonds, les emploie en rentes sur l'État, etc.

La comptabilité de la maison gérante règle et arrête les comptes de Directeurs, et établit leur situation financière. Elle est aussi chargée, dans *un service spécial*, de la délivrance du matériel, de la conservation et de la distribution des imprimés.

II. — Personnel.

Le personnel se subdivise en deux parties.

La *première* connaît de toutes les questions qui intéressent les Fonctionnaires. Elle présente au Directeur les rapports sur la nomination des Fonctionnaires, délivre les brevets, propose les révocations s'il y a lieu, dirige les inspecteurs et leur trace leur itinéraire.

La *seconde* s'occupe spécialement des affaires particulières et de la correspondance avec les Fonctionnaires. Elle répond à toutes les questions relatives aux opérations de **L'Equitable**, soit qu'elles concernent l'interprétation des statuts, soit qu'elles s'appliquent aux instructions à donner aux Fonctionnaires, dans telle ou telle circonstance. Elle examine et approuve les publications que les Fonctionnaires ont l'intention de faire ; elle rédige les prospectus et articles de journaux : en un mot, elle donne ses soins à toutes les affaires qui ne sauraient entrer dans les travaux des autres divisions.

Les Fonctionnaires de **L'Equitable** comprendront dès lors dans quel ordre ils doivent faire leur correspondance ; leurs lettres doivent être divisées de manière à ce que les passages qui se rapportent aux différentes branches de l'Administration ne puissent jamais être confondues, et que chacun trouve facilement l'objet qui le concerne. La méthode la plus simple pour arriver à ce but est de diviser la lettre en chapitres, en ayant soin de mettre en marge le titre de chacun ; de cette manière le service de l'Administration sera rendu plus facile, les Fonctionnaires y gagneront en ce sens qu'ils obtiendront prompte satisfaction, et l'Administration y trouvera une économie de temps considérable.

II. ADMINISTRATION INTÉRIEURE.

L'Equitable est représentée dans les départements par des Directeurs, Sous-Directeurs, Agents et Inspecteurs. — L'étendue du ressort dans lequel chacun d'eux exerce ses fonctions, est déterminée au moment de son installation.

Leurs attributions consistent :

A signer et délivrer tout contrat d'assurance ;

A recevoir le montant des souscriptions de la manière prescrite par les statuts ; à toucher tout droit de gestion et en donner quittance.

Les Directeurs sont responsables de l'organisation qu'ils établissent en sous-ordre et qui doit se résumer entre leurs mains.

La Direction générale confiant à chaque Inspecteur divisionnaire l'inspection de cinq départements, la surveillance sera fréquente et sévère ; leurs rapports feront connaître d'une manière précise la position des Fonctionnaires qu'ils ont mission de visiter, afin de mettre le Directeur général à même de prendre une prompte résolution à l'égard de ceux d'entre eux qui ne se soumettraient pas à la règle établie pour tous.

La surveillance des Inspecteurs divisionnaires, ainsi que l'organisation qu'ils ont mission de faire, est soumise au contrôle de trois Inspecteurs généraux, porteurs de pouvoirs *notariés*, qu'ils devront exhiber aux Fonctionnaires et aux Inspecteurs divisionnaires.

La mission des Fonctionnaires auprès du public se divise en quatre parties distinctes.

Premièrement. — Ils procèdent à préparer l'agrégation d'une clientèle autour de **L'Équitable.**

Deuxièmement. — Ils dirigent ou suivent le choix que chaque Souscripteur fait entre les applications diverses du principe de l'assurance mutuelle sur la vie.

Troisièmement. — Ils surveillent l'exécution des engagements que les Souscripteurs ont contractés les uns envers les autres par l'entremise de l'Établissement ; ils organisent, à cet effet, la multiplication du personnel de l'agence au fur et à mesure des besoins.

Quatrièmement. — Ils donnent leurs soins à la bonne liquidation des affaires apportées et conduites par eux, de manière à constituer, pour ainsi dire, avec les Sociétaires retirés, un corps honoraire sous les auspices duquel l'institution puisse contracter de nouveaux engagements.

I. — Envois mensuels. — États de comptabilité.

L'exactitude est la condition nécessaire de toute bonne administration. Il importe donc que les Fonctionnaires se pénètrent bien de l'importance que la Direction attache à l'expédition prompte des affaires ; à cet égard, elle ne saurait trop leur recommander de se conformer d'une manière rigoureuse aux délais qui leur ont été fixés dans le règlement administratif.

Nous leur rappellerons que tous les mois, du 1er au 5, chaque Directeur, quel que soit le nombre de ses assurances,

Doit :

1° Régler et arrêter sa comptabilité mensuelle du mois précédent ;

2° Inscrire au registre d'assurances les contrats transmis dans son ressort ;

3° Porter le détail de ses assurances, tant celles qu'il a faites lui-même pendant le mois précédent, que celles qui ont été réalisées par les sous-Directeurs et Agents qu'il a commissionnés, sur un *état de comptabilité* dont il dresse une double expédition, et dont voici le modèle.

MODÈLE n° 8 (à la fin du volume).

Cet état de comptabilité est certifié véritable au jour de sa confection, et doit être envoyé à la Direction centrale avec :

1° Les pièces justificatives ;

2° La recette ;

3° Les contrats d'assurance, etc.

En supposant que les affaires aient été nulles dans le courant d'un mois, le Directeur, pour ne pas laisser de lacune dans ses rapports avec la Direction centrale, met sous bande, *sans rien y ajouter à la main*, un exemplaire du bulletin négatif, imprimé et timbré, qui lui est remis à cet effet. Il appose sur la bande le cachet de sa Direction, afin que la Direction centrale puisse savoir d'où lui arrive ce bulletin, et il l'affranchit à la poste, moyennant le droit fixe de un centime.

Il est expressément interdit de jamais adresser à l'Administration, par la voie de la poste, des lettres contenant des contrats; dans ce cas, la comptabilité ferait incomber à la charge du Directeur les frais extraordinaires résultant de cet envoi, et il ne lui serait tenu compte que d'un simple port de lettre.

II. — Demandes de polices.

Lorsque les Fonctionnaires réclament l'envoi des polices définitives qui leur sont demandées par ceux des Souscripteurs qui ont versé leur première annuité, ils doivent dresser un bordereau de réclamation dont voici le modèle.

MODÈLE n° 9 (à la fin du volume).

Si les polices ne peuvent être expédiées, soit parce que les extraits d'actes de naissance n'ont pas été fournis, soit parce que les contrats sont irréguliers, le bordereau sera retourné avec indication en marge des motifs qui empêchent l'expédition des polices. Toute réclamation qui ne sera pas faite de cette manière est exposée à rester sans réponse; car lorsqu'un Directeur demande les polices définitives sans indiquer les noms de ses clients, il oblige l'Administration à des recherches difficiles et longues.

Les Fonctionnaires de **L'Equitable** doivent avoir leur comptabilité toujours en règle; elle doit suivre la marche adoptée par la Direction générale, et se diviser en deux branches : *Comptabilité des Souscripteurs*; — *Comptabilité des droits-gestions*. La première est tenue sur un *registre-journal*, fourni par la Direction; la seconde résulte des états de comptabilité retournés par la Direction. Ces états sont visés par le chef de la comptabilité de la *maison-gérante* de **L'Equitable**.

Chaque fois qu'un Inspecteur visite un Fonctionnaire, celui-ci doit lui présenter son registre-journal, et obtenir son *visa*, avec mention que tout est en règle, que le nombre des contrats confiés au Fonctionnaire lui a été représenté, ou que les souches sont bien celles des contrats remplis envoyés à la Direction.

N° du Registre
N° du Contrat
N° de la Direction

Ces Nos doivent être remplis par le Fonctionnaire.

N° d'Enregistremt
N° de Répartition
N° de la Police

Ces Nos sont remplis à la Direction.

ASSOCIATIONS SUR LA VIE.

L'ÉQUITABLE,

AUTORISÉE PAR ORDONNANCE ROYALE.

Direction Centrale à Paris, Boulevart des Italiens, 18.

ENTRE LES SOUSSIGNES,

M. *MINNE Émile-Louis*.................. demeurant à *Douai*.................. agissant comme Fonctionnaire de **L'ÉQUITABLE**, Établissement d'Assurances Mutuelles sur la Vie, dont le siége est à PARIS, en vertu des pouvoirs qui lui ont été conférés, et dont il a justifié au souscripteur, D'UNE PART;

Et M. *DORVILLE Charles-Jean-Baptiste, médecin*.................. demeurant à *Douai*.................. arrondissement de *Douai*.................. département *du Nord*.................. D'AUTRE PART;

a été convenu ce qui suit :

ART. 1er. M. *DORVILLE*.................. souscrit pour une somme de *deux mille huit cents francs*.................. payable en *sept* versements, SUR LA TÊTE DE *DORVILLE Adolphe, son petit-fils*.................. né le *quinze août mil huit cent trente-sept*.................. à *Douai*.................. département d*u Nord*..................

AU PROFIT *Du souscripteur, du consentement du père de l'assuré*.................. domicilié à *Douai*.................. département d*u Nord*.......... dans L'ASSOCIATION GÉNÉRALE entre individus de tout âge, classes, commençant le premier janvier 1842 *mil huit cent quarante-deux*.......... dont les répartitions s'ouvriront le premier janvier 1849, 1850, 1851, 1852, 1853, 1854, 1855, *chacune sur chaque versement*, et dont l'objet est de RÉPARTIR ENTRE LES SURVIVANTS *la masse sociale et ses intérêts composés aux époques déterminées ci-dessus*..................

ART. 2. Le paiement de la somme de *quatre cents francs*.................. montant du *premier versement*, aura lieu le *premier juillet 1844*, soit EN UN MANDAT A L'ORDRE DU DIRECTEUR DE L'ÉQUITABLE, soit EN ESPÈCES A LA CAISSE DE LA DIRECTION, à Paris, OU ENTRE LES MAINS DES RECEVEURS DES FINANCES. Les autres versements se feront de la même manière le 1er décembre de chacune des années suivantes.

ART. 3. Le souscripteur **ne sera valablement libéré** qu'autant que son versement aura été fait de la manière indiquée par l'art. ci-dessus, **et qu'il aura été constaté par un mandat ou une quittance extraite d'un registre à souche portant la signature du Directeur de L'ÉQUITABLE.**

ART. 4. Dans le mois qui suivra le premier versement, il sera délivré au souscripteur une police définitive constatant l'inscription au registre matricule et la conversion de son versement en rentes sur l'État.

ART. 5. DANS LES TROIS MOIS qui suivront l'époque fixée pour l'ouverture de la répartition, le souscripteur devra faire remettre, contre un récépissé, à la DIRECTION CENTRALE, à Paris, soit le certificat de vie de l'Assuré, soit l'acte de décès de l'Assuré mort après l'époque fixée pour l'ouverture de la répartition. Ces pièces doivent être légalisées.

ART. 6. Le souscripteur déclare faire élection de domicile en sa demeure sus-indiquée, et se soumettre à toutes les conditions des Statuts dont la copie littérale est au dos des présentes.

Fait double à *Douai*.................. le *quatre février*.................. mil huit cent quarante *quatre*..................

Signature du Souscripteur : Rayé .... mot nul.

Reçu pour les droits de gestion à 5 p. 100 | 140 } — Total : Fr. 142
Coût de la Police.................. | 2

Signé *C. DORVILLE*.

Je déclare donner mon consentement à la présente Souscription sur la tête de mon fils.
Signé *L. DORVILLE*.

Le Fonctionnaire de L'ÉQUITABLE,
Signé *Louis MINNE*.

N° du Registre ▬▬
N° du Contrat ▬▬
N° de la Direction ▬▬

ASSOCIATIONS SUR LA VIE.

L'ÉQUITABLE,

AUTORISÉE PAR ORDONNANCE ROYALE.

Direction Centrale à Paris, Boulevart des Italiens, 18.

N° d'Enregistremt ▬▬
N° de Répartition ▬▬
N° de la Police ▬▬

ENTRE LES SOUSSIGNÉS,

M. *Émile-Louis MINNE*.................. demeurant à *Lille*................ agissant comme Fonctionnaire de **L'ÉQUITABLE**, Établissement d'Assurances Mutuelles sur la Vie, dont le siége est à PARIS, en vertu des pouvoirs qui lui ont été conférés, et dont il a justifié au souscripteur, D'UNE PART;

Et M. *DORVILLE Charles-Jean-Baptiste, médecin*................................ demeurant à *Douai*................................ arrondissement de *Douai*.............................. département d*u Nord*.. D'AUTRE PART;

a été convenu ce qui suit :

ART. 1er. M. *DORVILLE*................ souscrit pour une somme de *deux mille huit cents francs, divisée en sept parts, donnant droit à sept répartitions successives*........... payable en *un seul* versement, SUR LA TÊTE DE *DORVILLE Adolphe, son fils*.................................... né le *quinze août mil huit cent trente sept*.. à *Douai*.................................... département d*u Nord*..............................

AU PROFIT *Du souscripteur*.. domicilié à *Douai*.................................... département d*u Nord*............... dans L'ASSOCIATION GÉNÉRALE entre individus de tout âge, classe*s* , commençant le premier janvier 1842... dont l*es* répartition*s* s'ouvrir*ont* le premier janvier 1849, 1850, 1851, 1852, 1853, 1854, 1855................ et dont l'objet est de RÉPARTIR ENTRE LES SURVIVANTS *la masse sociale et ses intérêts composés aux époques déterminées ci-dessus*........................

ART. 2. Le paiement de la somme de *deux mille huit cents francs*.................................. montant du.......... *versement*, aura lieu le *premier juillet* 1843, soit EN UN MANDAT A L'ORDRE DU DIRECTEUR DE L'ÉQUITABLE, soit EN ESPÈCES A LA CAISSE DE LA DIRECTION, à Paris, OU ENTRE LES MAINS DES RECEVEURS DES FINANCES. Les autres versements se feront de la même manière le 1er décembre de chacune des années suivantes.

ART. 3. Le souscripteur **ne sera valablement libéré** qu'autant que son versement aura été fait de la manière indiquée par l'art. ci-dessus, et **qu'il aura été constaté par un mandat ou une quittance extraite d'un registre à souche portant la signature du Directeur de L'ÉQUITABLE.**

ART. 4. Dans le mois qui suivra le premier versement, il sera délivré au souscripteur une police définitive constatant l'inscription au registre matricule et la conversion de son versement en rentes sur l'État.

ART. 5. DANS LES TROIS MOIS qui suivront l'époque fixée pour l'ouverture de la répartition, le souscripteur devra faire remettre, contre un récépissé, à la DIRECTION CENTRALE, à Paris, soit le certificat de vie de l'Assuré, soit l'acte de décès de l'Assuré mort après l'époque fixée pour l'ouverture de la répartition. Ces pièces doivent être légalisées.

ART. 6. Le souscripteur déclare faire élection de domicile en sa demeure sus-indiquée, et se soumettre à toutes les conditions des Statuts dont la copie littérale est au dos des présentes.

Fait double à *Douai* .... le *quatre février* .... mil huit cent quarante *quatre* ....

Signature du Souscripteur : Rayé .... mot nul.

Reçu pour les droits de gestion à 5 p. 100. 140 — Coût de la police.......... 2 — } TOTAL : Fr. 142.

Signé *Charles DORVILLE.*

Le Fonctionnaire de L'ÉQUITABLE, Signé *E. MINNE.*

MODÈLE N° 3. Rente progressive.

N° du Registre ....

N° du Contrat ....

N° de la Direction ....

ASSOCIATIONS SUR LA VIE.

L'ÉQUITABLE,

AUTORISÉE PAR ORDONNANCE ROYALE.

Direction Centrale à Paris, Boulevart des Italiens, 18.

N° d'Enregistremt ....

N° de Répartition ....

N° de la Police ....

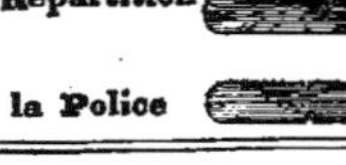

ENTRE LES SOUSSIGNÉS,

M. *MINNE Émile-Louis,* .... demeurant à *Lille* .... agissant comme Fonctionnaire de **L'ÉQUITABLE**, Établissement d'Assurances Mutuelles sur la Vie, dont le siége est à PARIS, en vertu des pouvoirs qui lui ont été conférés, et dont il a justifié au souscripteur, D'UNE PART;

Et M. *DUMONT, Joseph-Antoine, négociant,* .... demeurant à *Lille* .... arrondissement de *Lille* .... département du *Nord* .... D'AUTRE PART;

a été convenu ce qui suit :

ART. Ier. M. *DUMONT* .... souscrit pour une somme de *cinq mille francs* .... payable en *cinq* versements, SUR LA TÊTE DE *lui-même* .... né le *neuf mars mil huit cent* .... à *Strasbourg* .... département du *Bas-Rhin* ....

AU PROFIT De *lui-même* .... domicilié à *Lille* .... département du *Nord* .... dans L'ASSOCIATION GÉNÉRALE entre individus de tout âge, classes, commençant le premier janvier 1842 *mil huit cent quarante deux* .... dont les répartitions s'ouvriront le premier janvier 1849, 1850, 1851, 1852, 1853, *chacune sur chaque versement*, et dont l'objet est de RÉPARTIR ENTRE LES SURVIVANTS *la masse sociale et ses intérêts composés aux époques déterminées ci-dessus* ....

ART. 2. Le paiement de la somme de *mille francs* .... montant du *premier versement*, aura lieu le *premier décembre* 1843, soit EN UN MANDAT A L'ORDRE DU DIRECTEUR DE L'ÉQUITABLE, soit EN ESPÈCES A LA CAISSE DE LA DIRECTION, à Paris, OU ENTRE LES MAINS DES RECEVEURS DES FINANCES. Les autres versements se feront de la même manière le 1er décembre de chacune des années suivantes.

ART. 3. Le souscripteur **ne sera valablement libéré** qu'autant que son versement aura été fait de la manière indiquée par l'art. ci-dessus, et **qu'il aura été constaté par un mandat ou une quittance extraite d'un registre à souche portant la signature du Directeur de L'ÉQUITABLE.**

ART. 4. Dans le mois qui suivra le premier versement, il sera délivré au souscripteur une police définitive constatant l'inscription au registre matricule et la conversion de son versement en rentes sur l'Etat.

ART. 5. DANS LES TROIS MOIS qui suivront l'époque fixée pour l'ouverture de la répartition, le souscripteur devra faire remettre, contre un récépissé, à la DIRECTION CENTRALE, à Paris, soit le certificat de vie de l'Assuré, soit l'acte de décès de l'Assuré mort après l'époque fixée pour l'ouverture de la répartition. Ces pièces doivent être légalisées.

ART. 6. Le souscripteur déclare faire élection de domicile en sa demeure sus-indiquée, et se soumettre à toutes les conditions des Statuts dont la copie littérale est au dos des présentes.

Fait double à *Lille* .... le *neuf septembre* .... mil huit cent quarante *trois* ....

Signature du Souscripteur : Rayé .... mot nul.

Reçu pour les droits de gestion à 5 p. 100. | 250 |
Coût de la police .... | 2 | — } TOTAL : FR. 252

Signé *J. DUMONT.*

Le Fonctionnaire de L'ÉQUITABLE, Signé *Louis MINNE.*

MODÈLE N° 4. Dot.

N° du Registre ▬
N° du Contrat ▬
N° de la Direction ▬

N° d'Enregistremt ▬
N° de Répartition ▬
N° de la Police ▬

ASSOCIATIONS SUR LA VIE.
L'ÉQUITABLE,

AUTORISÉE PAR ORDONNANCE ROYALE.

Direction Centrale à Paris, Boulevart des Italiens, 18.

ENTRE LES SOUSSIGNÉS,

M. *HANDRICK Jules-Louis* .... demeurant à *Cambrai*................ agissant comme Fonctionnaire de **L'ÉQUITABLE**, Établissement d'Assurances Mutuelles sur la Vie, dont le siége est à PARIS, en vertu des pouvoirs qui lui ont été conférés, et dont il a justifié au souscripteur, D'UNE PART;

Et M. *ROUSSEAU Jean-Baptiste-Henri, cultivateur*................................ demeurant à *Erchin*.................................... arrondissement d*e Douai*.................................... département d*u Nord:* .... D'AUTRE PART;

a été convenu ce qui suit :

ART. 1er. M. *ROUSSEAU*.................................... souscrit pour une somme de *sept mille trois cents francs* .... payable en *vingt* versements, SUR LA TÊTE DE *ROUSSEAU Louis-André, son fils*.................... né le *vingt janvier mil huit cent quarante-deux*.................................... à *Erchin*.................... département d*u Nord*....................................

AU PROFIT *Du souscripteur*.................................... domicilié à *Erchin*.................... département d*u Nord*.................... dans L'ASSOCIATION GÉNÉRALE entre individus de tout âge, classe........, commençant le premier janvier 1842 *mil huit cent quarante-deux*.................... dont la répartition s'ouvrir*a* le premier janvier 1865 *mil huit cent soixante-cinq*.................... et dont l'objet est de RÉPARTIR ENTRE LES SURVIVANTS *la masse sociale et ses intérêts composés à l'époque déterminée ci-dessus*....................

ART. 2. Le paiement de la somme de *trois cent soixante francs*.................... montant du.........*versement*, aura lieu le *premier juillet* 1844, soit EN UN MANDAT A L'ORDRE DU DIRECTEUR DE L'ÉQUITABLE, soit EN ESPÈCES A LA CAISSE DE LA DIRECTION, à Paris, OU ENTRE LES MAINS DES RECEVEURS DES FINANCES. Les autres versements se feront de la même manière le 1er décembre de chacune des années suivantes.

ART. 3. Le souscripteur **ne sera valablement libéré** qu'autant que son versement aura été fait de la manière indiquée par l'art. ci-dessus, et **qu'il aura été constaté par un mandat ou une quittance extraite d'un registre à souche portant la signature du Directeur de L'ÉQUITABLE.**

ART. 4. Dans le mois qui suivra le premier versement, il sera délivré au souscripteur une police définitive constatant l'inscription au registre matricule et la conversion de son versement en rentes sur l'État.

ART. 5. DANS LES TROIS MOIS qui suivront l'époque fixée pour l'ouverture de la répartition, le souscripteur devra faire remettre, contre un récépissé, à la DIRECTION CENTRALE, à Paris, soit le certificat de vie de l'Assuré, soit l'acte de décès de l'Assuré mort après l'époque fixe pour l'ouverture de la répartition. Ces pièces doivent être légalisées.

ART. 6. Le souscripteur déclare faire élection de domicile en sa demeure sus-indiquée, et se soumettre à toutes les conditions des Statuts dont la copie littérale est au dos des présentes.

Fait double à *Cambrai* .... le *quinze mai* .... mil huit cent quarante *quatre* ....

Signature du Souscripteur : Rayé .... mot nul.

Reçu pour les droits de gestion à 5 p. 100. 365
Coût de la Police.................... 2
TOTAL : FR. 367

Signé *J.-B. ROUSSEAU.*

Le Fonctionnaire de L'ÉQUITABLE, Signé *H. HANDRICK.*

MODÈLE N° 5. — Dot.

N° du Registre ——
N° du Contrat ——
N° de la Direction ——

N° d'Enregistremt ——
N° de Répartition ——
N° de la Police ——

ASSOCIATIONS SUR LA VIE.

L'ÉQUITABLE,

AUTORISÉE PAR ORDONNANCE ROYALE.

Direction Centrale à Paris, Boulevart des Italiens, 18.

ENTRE LES SOUSSIGNÉS,

M. *DROYAUX François*............ demeurant à *Vitré*, dép. d'*Ille-et-Vilaine*........... agissant comme Fonctionnaire de **L'ÉQUITABLE**, Établ. d'Assurances Mutuelles sur la Vie, dont le siége est à PARIS, en vertu des pouvoirs qui lui ont été conférés, et dont il a justifié au souscripteur, D'UNE PART;

Et M. *GARNIER-L'HERMITAGE Louis, avocat*.. demeurant à *Vitré*................................ arrondissement d.. département d................................ D'AUTRE PART;

a été convenu ce qui suit :

ART. 1er. M. *GARNIER-L'HERMITAGE*.................... souscrit pour une somme de *cinq mille francs*.................................... payable en *un seul versement*, SUR LA TÊTE DE M. *VAUGEOIS Luc, son arrière-neveu*, demeurant à *Vitré*.................................... né le *dix août mil huit cent trente-quatre*.. à *Cancale*.................................... département d'*Ille-et-Vilaine*..

AU PROFIT D*e l'assuré, du consentement de madame VAUGEOIS, née GARNIER, sa mère et tutrice*......... domiciliée à *Vitré*.................... département d'*Ille-et-Vilaine*.............. dans L'ASSOCIATION GÉNÉRALE entre individus de tout âge, classe..... commençant le premier janvier 1842, *mil huit cent quarante-deux*.............................. dont la répartition s'ouvrira le premier janvier 1855, *mil huit cent cinquante-cinq*............ et dont l'objet est de RÉPARTIR ENTRE LES SURVIVANTS *la masse sociale et ses intérêts composés à l'époque déterminée ci-dessus*..................

ART. 2. Le paiement de la somme de *cinq mille francs*... montant du.........*versement*, aura lieu le *premier décembre* 1844, soit EN UN MANDAT A L'ORDRE DU DIRECTEUR DE **L'ÉQUITABLE**, soit EN ESPÈCES A LA CAISSE DE LA DIRECTION, à Paris, OU ENTRE LES MAINS DES RECEVEURS DES FINANCES. Les autres versements se feront de la même manière le 1er décembre de chacune des années suivantes.

ART. 3. Le souscripteur **ne sera valablement libéré** qu'autant que son versement aura été fait de la manière indiquée par l'art. ci-dessus, **et qu'il aura été constaté par un mandat ou une quittance extraite d'un registre à souche portant la signature du Directeur de L'ÉQUITABLE.**

ART. 4. Dans le mois qui suivra le premier versement, il sera délivré au souscripteur une police définitive constatant l'inscription au registre matricule et la conversion de son versement en rentes sur l'État.

ART. 5. DANS LES TROIS MOIS qui suivront l'époque fixée pour l'ouverture de la répartition, le souscripteur devra faire remettre, contre un récépissé, à la DIRECTION CENTRALE, à Paris, soit le certificat de vie de l'Assuré, soit l'acte de décès de l'Assuré mort après l'époque fixée pour l'ouverture de la répartition. Ces pièces doivent être légalisées.

ART. 6. Le souscripteur déclare faire élection de domicile en sa demeure sus-indiquée, et se soumettre à toutes les conditions des Statuts dont la copie littérale est au dos des présentes.

Fait double à *Vitré* .... le *vingt-cinq août* .... mil huit cent quarante *quatre* ....

Signature du Souscripteur, Rayé .... mot nul.

Reçu pour les droits de gestion à 5 p. 100. | 250 | — } TOTAL : FR. 252
Coût de la police.............. | 2 |

Signé *Garnier L'HERMITAGE*.

Je soussignée mère et tutrice de l'assuré, déclare donner mon consentement à la dite Souscription.

Signé *veuve VAUGEOIS, née GARNIER*.

Le Fonctionnaire de L'ÉQUITABLE, Signé *DROYAUX*.

MODÈLE N° 6.

N° du Registre		N° d'Enregistremt
N° du Contrat		N° de Répartition
N° de la Direction		N° de la Police

ASSOCIATIONS SUR LA VIE.

L'ÉQUITABLE,

AUTORISÉE PAR ORDONNANCE ROYALE.

Direction Centrale à Paris, Boulevart des Italiens, 18.

ENTRE LES SOUSSIGNÉS,

M. *FOURCHON Alfred*.............. demeurant à *Bordeaux*.................. agissant comme Fonctionnaire de **L'ÉQUITABLE**, Établissement d'Assurances Mutuelles sur la Vie, dont le siège est à PARIS, en vertu des pouvoirs qui lui ont été conférés, et dont il a justifié au souscripteur, D'UNE PART;

Et M. *Jean-Baptiste COURTEAU, notaire*.. demeurant à *Bordeaux*.. arrondissement de *Bordeaux*......................... département de *la Gironde*.......................... D'AUTRE PART;

a été convenu ce qui suit :

ART. 1er. M. *COURTEAU*.............................. souscrit pour une somme de *sept mille francs*.. payable en *quatorze*............ versements, SUR LA TÊTE DE *Émile-Louis COURTEAU et sur celle de Marie-Adèle COURTEAU, ses enfants*............ nés, le *premier le quinze janvier* 1835, *à Moselle (Meuse), le second le huit mars* 1840................ à *Lille*.. département du *Nord*..

AU PROFIT De *Émile et Marie COURTEAU, avec condition, en cas de mort de l'un d'eux, de réversibilité du capital sur la tête du survivant*........... domiciliés à *Lille*........... département du *Nord*............ dans L'ASSOCIATION GÉNÉRALE entre individus de tout âge, classe, commençant le premier janvier 1842.............. dont la répartition s'ouvrira le premier janvier 1856 *mil huit cent cinquante-six*.................................. et dont l'objet est de RÉPARTIR ENTRE LES SURVIVANTS *la masse sociale et ses intérêts composés à l'époque déterminée ci-dessus*.........

ART. 2. Le paiement de la somme de *cinq cents francs*.................................... montant du *premier versement*, aura lieu le *premier juillet*......................... 1844, soit EN UN MANDAT A L'ORDRE DU DIRECTEUR DE **L'ÉQUITABLE**, soit EN ESPÈCES A LA CAISSE DE LA DIRECTION, à Paris, OU ENTRE LES MAINS DES RECEVEURS DES FINANCES. Les autres versements se feront de la même manière le 1er décembre de chacune des années suivantes.

ART. 3. Le Souscripteur **ne sera valablement libéré** qu'autant que son versement aura été fait de la manière indiquée par l'art. ci-dessus, et **qu'il aura été constaté par un mandat ou une quittance extraite d'un registre à souche portant la signature du Directeur de L'ÉQUITABLE.**

ART. 4. Dans le mois qui suivra le premier versement, il sera délivré au souscripteur une police définitive constatant l'inscription au registre matricule et la conversion de son versement en rentes sur l'État.

ART. 5. DANS LES TROIS MOIS qui suivront l'époque fixée pour l'ouverture de la repartition, le souscripteur devra faire remettre, contre un récépissé, à la DIRECTION CENTRALE, à Paris, soit le certificat de vie de l'Assuré, soit l'acte de décès de l'Assuré mort après l'époque fixée pour l'ouverture de la répartition. Ces pièces doivent être légalisées.

ART. 6. Le souscripteur déclare faire élection de domicile en sa demeure sus-indiquée, et se soumettre à toutes les conditions des Statuts dont la copie littérale est au dos des présentes.

Fait double à *Bordeaux* .... le *vingt-six février* .... mil huit cent quarante *quatre* ....

Signature du Souscripteur : Rayé .... mot nul.

Reçu pour les droits de gestion à 5 p. 100. 350 }
Coût de la police.......................... 2 } TOTAL : Fr. 352

Signé *Jean-Baptiste COURTEAU.*

Le Fonctionnaire de L'ÉQUITABLE, Signé *A. FOURCHON.*

N° du Registre

N° du Contrat

N° de la Direction

ASSOCIATIONS SUR LA VIE.

L'ÉQUITABLE,

AUTORISÉE PAR ORDONNANCE ROYALE.

Direction Centrale à Paris, Boulevart des Italiens, 18.

N° d'Enregistrement

N° de Répartition

N° de la Police

ENTRE LES SOUSSIGNÉS,

M. *Joseph PEYSSARD*.................... demeurant à *Lille*.................... agissant comme Fonctionnaire de **L'ÉQUITABLE**, Établissement d'Assurances Mutuelles sur la Vie, dont le siége est à **PARIS**, en vertu des pouvoirs qui lui ont été conférés, et dont il a justifié au souscripteur, D'UNE PART;

Et M. *BOISSE Louis-Auguste, propriétaire*.................................... demeurant à *Lille*.................................... arrondissement de *Lille*.................................... département d*u Nord*.................................... D'AUTRE PART;

a été convenu ce qui suit :

M. *BOISSE*.................................... souscrit pour une somme de *dix mille francs*.................................... payable en un seul versement, SUR LA TÊTE D*e lui-même*.................................... né le *huit janvier mil sept cent quatre-vingt-trois*.......... à *Paris*.................... domicilié à *Lille*.................................... département d*u Nord*....................

AU PROFIT D*u souscripteur*.................................... domicilié à *Lille*.................................... département d*u Nord*....................

Dans L'ASSOCIATION des rentes immédiates, dont l'objet est de RÉPARTIR ENTRE LES SURVIVANTS les revenus et la masse sociale par annuités divisées en deux paiements, qui s'opèrent les 15 janvier et 15 juillet de chaque année; *la rente, au profit de* M. *BOISSE Louis-Auguste, est fixée à la somme annuelle de neuf cent cinquante francs*................, dont le premier paiement semestriel se fera à l'échéance du semestre prochain. Les répartitions semestrielles s'ouvriront les 15 mars et 15 septembre pour être arrêtées les 15 juin et 15 décembre. Dans cet intervalle, le Sociétaire doit faire remettre *franco* à la Direction, à Paris, son certificat de vie légalisé. — Tout Sociétaire qui n'aura pas fait cette production dans ce délai ne participe pas à la répartition du semestre, et la forclusion est prononcée contre lui, les 15 juin et 15 décembre, sans qu'il puisse exercer aucune répétition. — Le Souscripteur déclare faire élection de domicile en sa demeure sus-indiquée, et se soumettre d'ailleurs à toutes les conditions, tant du procès-verbal de constitution de l'Association des rentes immédiates, dont il lui a été donné connaissance, que des Statuts transcrits littéralement au dos des présentes. Le paiement ci-dessus indiqué sera constaté par un certificat d'inscription portant quittance, qui sera délivré par le Directeur dans le mois qui suivra le versement.

Le versement de la somme de *dix mille francs*.................................... montant de la souscription, se fera le *quinze mars* 1844, soit en un mandat à l'ordre du Directeur de **L'ÉQUITABLE**, soit entre les mains des receveurs des finances, et non autrement, à peine de nullité.

Fait double à *Lille* .... le *dix janvier* .... mil huit cent quarante *quatre* ....

Signature du Souscripteur : Rayé .... mot nul. **Signature du Fonctionnaire de L'ÉQUITABLE :**

Signé *BOISSE*.

Le Fonctionnaire soussigné reconnaît avoir reçu du Souscripteur 5 pour 100 de droits de gestion, et lui en consentir bonne et valable quittance.

Signé *Joseph PEYSSARD*.

MODÈLE N° 9. — État de comptabilité.

Mois de Janvier 1844. — *Direction de Lille.*

ASSOCIATIONS SUR LA VIE.

L'ÉQUITABLE,

AUTORISÉE PAR ORDONNANCE ROYALE DU 29 JUILLET 1841.

ÉTAT DE COMPTABILITÉ

Fourni par M. Perreaux, résidant à Lille.

MOTIFS DU DÉBET.	SOMMES. f	c	MOTIFS DU CRÉDIT.	SOMMES. f	c
Reliquat précédent.......	499	60	Reliquat précédent.....		
Droits de gestion à 5 p. 0/0,			Remise à 1 p. 0/0 sur F. 68,000...	680	
sur F. 68,000..........	3,400		Remise sur 10 polices à 50 c....	5	
Polices à 2.......	20		Mon envoi en espèces..........	2,685	
			Mon envoi en un mandat......	540	
Balance..................			Balance........................	9	60
TOTAL...	3,919	60	TOTAL.....	3,919	60
RÉSUMÉ.			Certifié conforme à mon Journal d'Assurances.		
Le Directeur est :			*A Lille, le 10 mai 1844.*		
Débiteur de....	9	60	LE DIRECTEUR,		
ou			*Perreaux.*		
Créancier de..					

DUPLICATA DE L'ÉTAT CI-CONTRE

VÉRIFIÉ A LA DIRECTION GÉNÉRALE.

MOTIFS DU DÉBET.	SOMMES. f	c	MOTIFS DU CRÉDIT.	SOMMES. f	c
Reliquat précédent......	499	60	Reliquat précédent...........		
Droits de gestion à 5 p. 0/0,			Remise à 1 p. 0/0 sur F. 68,000...	680	
sur F. 68,000.........	3,400		Remise sur 10 polices..........	5	
10 Polices à 2 fr....	20		Son envoi en espèces..........	2,685	
			Son envoi en un mandat sur le Trésor.....................	540	
Balance.			Balance........................	9	60
TOTAL...	3,919	60	TOTAL.....	3,919	60
RÉSUMÉ.			Vu et vérifié le présent état :		
Le Directeur est :			*A Paris, le 15 mai 1844.*		
Débiteur de....	9	60	LE CHEF DE COMPTABILITÉ,		
ou			*Chapuis.*		
Créancier de...					

NOTA.—Tout envoi de polices, à la Direction générale, doit être accompagné d'un Bordereau semblable en double expédition.

BORDEREAU

DÉTAILLÉ

Des Opérations résumées en l'état de comptabilité d'autre part.

RÉCAPITULATION.	
Mois antérieurs...	
Mois présent.....	
TOTAL.....	

NUMÉROS.	MONTANT des SOUSCRIPTIONS.	OBSERVATIONS DE LA DIRECTION GÉNÉRALE.		NUMÉROS.	MONTANT des SOUSCRIPTIONS.	OBSERVATIONS DE LA DIRECTION GÉNÉRALE.	
		NOMS DES SOUSCRIPT.	NOMS DES ASSURÉS.			NOMS DES SOUSCRIPT.	NOMS DES ASSURÉS.
				REPORT.			
48	10,000	Granger.	Georges et fils.				
49	4,000	Dubois.	Pernot et épouse.				
50	4,000	Philippe.	Lui-même.				
51	4,000	Proust.	Pasquet et neveu.				
52	20,000	Morisot.	Le Bels et épouse.				
53	2,000	Hoffmann.	Philippe et fils.				
54	6,000	Moussard.	Lui-même.				
55	8,000	D°	Schwallier et épouse.				
56	5,000	Lemoine.	Jules et fils.				
57	5,000	D°.	Julia sa fille.				
A REPORTER.	68,000						

MODÈLE n° 9. Bordereau de réclamation de police.

DIRECTION
DE LA MOSELLE.

M. ROZÉ, DIRECTEUR, A METZ.

RÉCLAMATION

DE POLICES DÉFINITIVES A LA DIRECTION GÉNÉRALE DE L'ÉQUITABLE.

DATE des CONTRATS.	ATE de l'envoi des contrats à la division générale.	DATE de l'envoi de l'acte de naissance à la division générale.	NOMS, PRÉNOMS et demeures DES SOUSCRIPTEURS.	NOMS et PRÉNOMS des assurés.	DATE. des VERSEMENTS.	MONTANT du VERSEMENT.
17 juillet 1843.	31 juillet 1843.	1er octobre 1843.	Delaunoy (Narcisse), à Metz.	Lui-même.	1er octobre 1843.	1,000 "
15 août 1843.	1er septembre 1843.	1er octobre 1843.	Tramblay (Victor), à Metz.	Macé (Madeleine), son épouse.	1er octobre 1843.	500 "
17 août 1843.	1er septembre 1843.	1er septembre 1843.	Mangeot (Louis-Adolphe), à Metz.	Mangeot (Auguste-Louis), son fils.	1er octobre 1843.	600 "
28 octobre 1843.	1er novembre 1843.	1er novembre 1843.	Legros (Adolphe), à Ukange.	Philippon (Jules), son neveu.	15 novembre 1843.	200 "

Metz, le 1er décembre 1843.

Le Directeur,

ROZÉ.

GUIDE-PRATIQUE DES FONCTIONNAIRES DE L'ÉQUITABLE.

TABLEAU SYNOPTIQUE.

www.ingramcontent.com/pod-product-compliance
Ingram Content Group UK Ltd.
Pitfield, Milton Keynes, MK11 3LW, UK
UKHW020318130726
13696UKWH00003B/1111